RÉFLEXIONS

SUR QUELQUES OUVRAGES

DE FINANCES.

RÉFLEXIONS

SUR QUELQUES OUVRAGES

DE FINANCES.

PAR UN NEGOCIANT.

PARIS,

DE L'IMPRIMERIE D'ANT. BAILLEUL,

RUE SAINTE-ANNE, N°. 71.

1816.

AVANT-PROPOS.

J'ai voulu écrire quelques lignes, et, sans m'en apercevoir, j'ai presque fait un livre ; je n'ai pas su être court ; le temps m'a manqué, sans doute aussi le talent.

On trouvera ce livre un peu décousu, et c'est un plus grand défaut encore.

Poussé trop tard à ce travail, par des discussions de société, j'ai jeté des souvenirs en courant ; j'ai tantôt trop généralisé, tantôt trop détaillé mes idées : on croira lire des fragmens d'ouvrages souvent commencés et jamais finis. Il y a des esprits qui font tout avec suite ; il en est qui vont par sauts et par bonds : c'est surtout le ciel du Midi qui le veut ainsi, et je suis né sous ce ciel.

J'ai pris le parti facile de beaucoup ceusurer les autres, et de créer très-peu ou point du tout moi-même. Quand je censure, je n'ai point l'intention d'offenser; je ne connais pas un seul de ceux dont je me suis permis de critiquer les opinions. Je me soumets d'avance à leur mauvaise humeur; et si je ne signe pas mon nom, c'est parce que je sens que mon ouvrage ne peut être un titre de réputation; je ne veux ni me montrer ni me cacher.

RÉFLEXIONS

Sur quelques Ouvrages de Finances.

CHAPITRE PREMIER.

NÉGOCIANT, j'ai dû m'occuper souvent des finances, et de tout ce qui s'y rattache; les finances sont mon état, presque autant que le commerce; c'est le besoin et l'étude journalière de ma profession.

Chacun est porté à agrandir la sphère et le domaine de ses pensées. Un négociant, après avoir d'abord médité sur ce qui se rapporte à ses intérêts personnels, porte naturellement ses vues plus loin; il étend ses regards sur les intérêts généraux de son pays; en même temps qu'il se flatte de saisir dans cette extension de son esprit quelques moyens de donner un plus grand développement à ses spéculations particulières, il peut y fonder aussi l'espoir d'être utile à sa patrie, de mériter quelque reconnaissance par ses efforts, d'obtenir plus de considération pour les négocians en général.

Jamais il n'exista en France un moment où il fût plus nécessaire d'appeler au secours tous les conseils, tous les éclaircissemens, toutes les discussions possibles en matières de finances et d'économie politique; et jamais aussi, il faut en convenir, il n'a paru à la fois autant de projets de finances, d'idées financières, de plans d'amélioration et de perfectionnement sur les finances de l'état.

Il est vrai que si ces écrits sont nombreux, les détails et les vues n'en sont pas bien étendus. Tous les auteurs ont fixé leur course dans un cercle assez étroit; car les leçons et les avis de tous ces précepteurs des nations et des rois sont renfermés, avec plus ou moins de digressions, dans les propositions suivantes :

Payer intégralement ce qu'on doit en obligations à terme.

Payer nominalement en rentes consolidées, avec un peu plus ou un peu moins de différence du cours de la bourse : telles sont les deux propositions fondamentales.

Les moyens d'exécution ne présentent pas beaucoup plus de variantes.

Les premiers offrent, pour acquitter leurs engagemens à terme, la vente de propriétés nationales, et de nouveaux impôts; les seconds allègent tous les embarras du moment, en payant avec des valeurs sans termes, c'est-à-dire avec des rentes, et se débarrassent du poids de ces charges annuelles, en montrant en même temps, pour consolation, la perspective des extinctions successives, assurées par une caisse d'amortissement.

Les premiers renforcent aussi leur systême d'une caisse d'amortissement, mais la dotation qu'ils lui font est moins forte, et leur paraît moins nécessaire. Les seconds ne mettent pas de bornes à leur prodigalité envers cette caisse, qui les débarrasse en un trait de plume de tous les inconvéniens que peut présenter leur facilité à contracter des constitutions de rentes sans mesure.

Ces messieurs, en général, varient peu sur les bases constitutives de cette caisse, qui ne peuvent en effet reposer que sur des idées très-simples, et aujourd'hui à la portée de tout le monde; seulement, chacun les agrandit suivant les besoins de son systême : mais quelques-uns ne sont pas très-difficiles sur le plus ou moins de solidité que peut présenter aux esprits peu confians la nature de la fondation, et la certitude de l'indépendance des moyens de cet établissement.

Cinquante auteurs et plus se débattent

depuis deux mois autour de ces mêmes idées, sans se permettre d'innovations.

Il est naturel de croire, d'après cela, que lorsqu'un si grand nombre de professeurs en finances, parmi lesquels il ne manque pas de noms consacrés, ont pensé qu'il n'y avait rien de plus à choisir dans ces circonstances, il serait téméraire de chercher de nouveaux moyens; je me bornerai donc à l'examen de ceux qu'on propose; car, pour offrir un travail nouveau un peu complet, il eût fallu commencer beaucoup plus tôt. Créer est beau; apprécier les créations des autres, n'est pas toujours plus facile. Ce n'est donc pas tout à fait par paresse que je me réduis à ce travail; mais le temps presse, et ces inspirations d'où naissent les créations heureuses, doivent être attendues; ce n'est pas le travail qui les donne.

Mais si cet examen critique peut avoir quelque utilité, l'intention doit en être préservée de blâme; et c'est avec cette espérance que j'en ai conçu la pensée.

Je trouve d'ailleurs une consolation en critiquant tous ces écrivains financiers: c'est de pouvoir commencer par rendre hommage à un mérite dont on doit leur savoir gré, celui de tourner aujourd'hui l'attention de beaucoup de personnes, et de quelques-unes de ces têtes en qui réside un besoin invincible de s'occuper d'intérêts publics, vers des objets plus analogues à la véritable prospérité générale et au bonheur de leur pays.

Tout ce qui se rapporte à l'économie politique, aux progrès de l'industrie nationale et du commerce, est incontestablement ce qui constitue le plus grand intérêt de l'état et des particuliers; et c'est plus que jamais un service à rendre à tous, que de diriger vers ce but l'attention du plus grand nombre, trop long-temps nourrie presque exclusivement de théories politiques et de pratiques hasardées, dont l'essai est devenu si souvent une source de calamités.

Quand on entreprend d'écrire sur les finances, le premier désir est de chercher à se montrer versé dans les connaissances d'économie politique; ce qui peut entraîner dans des détails de quelque longueur ou de quelque sécheresse, lasser l'attention de beaucoup de lecteurs, ou réduire infiniment le nombre de ceux qui ont le courage de lire jusqu'au bout. Aussi, quoique le plus grand nombre se croie autorisé à parler sur cette matière qui se rattache à tous les intérêts de la société, très-peu cependant ont consenti à l'approfondir.

Il serait sans doute plus convenable, en traitant un tel sujet, de procéder toujours avec des démonstrations rigoureuses : mais comment concilier le désir d'être lu par le public, avec la crainte de l'effrayer par des analyses abstraites et par des chiffres sans fin ?

Le public ne veut lire que ce qui est rapide et qui est court ; en finance, tout ce qui est court n'est jamais ni assez expliqué ni assez prouvé. Par quel moyen se tirer de cette alternative ?

Je me suis dit qu'un ouvrage complet serait à peine parcouru parmi les circonstances qui nous pressent ; il pourrait tout au plus être consulté un instant, et pour quelques citations. D'un autre côté, j'ai pensé que ce n'est pas un système général, une déduction rigoureuse de tous les principes qu'il s'agit dans ce moment de présenter à la méditation. Nous sommes dans une crise ; il faut en sortir et vîte : chercher les moyens les plus propres à nous tirer des embarras du moment, à nous faire marcher en avant et sans chute, voilà le but sur lequel il convient de fixer principalement l'attention.

Dans une telle position, j'adopte de préférence la marche la plus simple et la plus analogue à ce point de vue; elle me portera dans l'instant au milieu de toutes les circonstances et de toutes les discussions du moment.

Une digression sur les systêmes suivis par Bonaparte et depuis le premier retour du Roi, sont des préliminaires indispensables. Je commence par cet examen.

DEUXIÈME CHAPITRE.

Je ne puis m'empêcher d'avouer ici que ce que je désirais le plus était de pouvoir m'abstenir de parler d'un homme qui nous a légué de si cruels souvenirs. Je ne le louai jamais quand il fut puissant; aujourd'hui qu'il est enfin puni, j'aurai le courage d'en parler avec impartialité, et j'eusse agi de même, quand j'aurais eu à lui donner des éloges.

Toute ame qui a quelque élévation se tait, lorsque le blâme peut retomber sur celui qui est abattu; on craint toujours d'encourir quelque reproche de lâcheté, en attaquant qui ne peut ni se justifier, ni se défendre : mais ici, taire le nom de Bonaparte est impossible.

Selon moi, il n'entendait rien aux finances; c'est une des parties qu'il a toujours le plus mal comprise : pourtant il a aussi séduit quelques-uns de ces esprits facilement admirateurs, par une sorte de capacité pour saisir les détails, et pour en accabler ceux qu'il n'eût pu convaincre, ni par des principes, ni par des raisonnemens suivis. Il joignait à cette facilité de retenir les détails une apparence et de profondeur, et d'esprit d'ordre poussé jusqu'à la minutie. L'attention, épuisée par je ne sais quelle jaserie imposante, où il entremêlait quelque expression de géométrie et d'algèbre, paraissait soumise à la démonstration ; il n'éclaircissait rien, et il éblouissait jusqu'à ses contradicteurs ; il ne leur laissait plus la faculté de reprendre le fil de leurs idées et de leurs raisonnemens. Ses adeptes, une fois aveuglés par leur admiration, se faisaient une religion de propager l'erreur.

D'ailleurs, dans le système financier de Bonaparte, chacun se trouvait promptement capable et habile. Quand il ne s'agit que de toujours prendre, de rendre très-peu, de ne payer qu'à volonté, de se libérer de temps en temps par des banqueroutes bien légalisées au besoin, et d'avoir toujours, de gré ou de force, et la fortune publique et les fortunes particulières à son usage, il ne faut aucune étude, aucune préparation pour cela : il n'est besoin, en dernière analyse, pour cheminer ainsi rapidement, que de ce qu'on appelle la meilleure raison, celle du plus fort.

C'est de cette manière qu'on peut expliquer tous les systêmes, toutes les opérations de Bonaparte et de ses ministres.

Il me deviendrait facile de prouver ces allégations par mille exemples plus frappans les uns que les autres; j'en pourrais citer d'une nature si révoltante, qu'on est tenté d'en douter après en avoir été les témoins (1).

---

(1) Je ne puis m'empêcher d'en citer un ici qui s'offre à ma pensée. Au moment où les routes devinrent trop dangereuses en Espagne, où les communications étaient souvent interrompues et les transports trop coûteux, le ministre des finances de Bonaparte imagina de pourvoir au remplacement des fonds qu'il devait envoyer aux armées, par une autorisation aux payeurs de recevoir l'argent de toutes les économies de nos militaires, ou des Espagnols qui auraient des remises à faire en France, et de donner par contre

Mais l'abondance des preuves ressort de tant de côtés, que je ne pense pas qu'il se présente des contradicteurs : je franchis donc tous les détails, et je crois pouvoir conclure, sans hésiter, que, sous Bonaparte, il n'y a jamais eu de véritable système de finances; que tous les budgets présentés ont été de véritables feux d'artifice, où l'on voyait seulement qu'on avait le talent de beaucoup imposer, de beaucoup recouvrer, de beaucoup prendre, de beaucoup dépenser et de ne jamais solder.

---

des bons sur le trésor. Des proclamations furent faites en conséquence par les généraux en chef, etc. Des versemens eurent lieu et bien uniquement en espèces sonnantes. On paya d'abord quelques-uns de ces bons; on prétendit ensuite qu'on devait vérifier si les payeurs-généraux n'avaient pas excédé le prétendu crédit, comme si le tiers-porteur avait rien à démêler dans ces débats et dans ces responsabilités; enfin, on suspendit totalement ces paiemens. Quelques généraux, quelques protégés crièrent, furent soutenus, et obtinrent ou des paiemens ou des à-comptes. Les malheureux porteurs, sans appui, sont encore à attendre leur paiement, renvoyés successivement par l'annonce de prétendues liquidations qui n'ont jamais lieu, et menacés d'être confondus, avec toute autre prétention quelconque, dans l'arriéré. Quel nom donner à une telle violation de foi? n'est-ce pas un véritable escamotage?

Cependant on est souvent parvenu à faire illusion ; et un des principaux moyens de cette illusion, a été cette sorte d'apparat, d'ostentation d'ordre, jusqu'à la minutie, qui était un des reflets saillans de l'esprit dominant et éblouissant du chef, tel que j'ai cherché à le définir plus haut.

Jamais autant qu'à ces époques on n'a présenté des budgets artistement rédigés ; jamais on n'a eu l'air d'appeler plus sévèrement les vérifications, les examens. Qu'en résultait-il ? deux ou trois orateurs se partageaient les rôles pour applaudir, tout en ayant l'air de discuter ; quelques opinions écrites étaient en même temps distribuées à des membres de la législature, flattés de s'en parer comme de leur ouvrage. On remplissait solennellement les formes, qui n'avaient plus aucune lenteur ; tout avait été arrangé à l'avance. Et puis ces budgets, que peuvent-ils apprendre à la multitude ? Pour les bien comprendre, il faut être d'avance dans le secret des élémens ; tout homme du métier, et qui sait apprécier la science d'un teneur de livres, ne peut ignorer que ces formes imposantes de bilan, de balance, sont en même temps les plus propres à cacher les erreurs et les piéges; que le moindre négociant, qu'un teneur de livres médiocrement instruit, a dans sa palette plus d'une manière de présenter ses affaires, plus d'une nuance, plus d'un point de vue à offrir; et que le fort et le faible, ou exagérés ou dérobés ainsi avec habileté, peuvent trop facilement séduire ceux qui ne sont pas, comme lui, dans toutes les confidences de la matière.

Ce sont pourtant ces brillans budgets de Bonaparte qui ont séduit souvent jusqu'aux étrangers, et qui ont propagé quelque temps le renom d'habilité financière et du chef et des ministres; et ce renom a eu une telle durée, qu'encore aujourd'hui il ne manque pas de gens qui répètent qu'on ne peut trouver un bon ministre des finances que parmi ceux qui les ont maniées sous Bonaparte; il semble qu'on reste encore sous le charme; ces formes, ces tableaux les ont subjugués; ils méconnaissent jusqu'au danger si naturel des mauvaises habitudes.

TROISIÈME CHAPITRE.

S'il est vrai qu'il n'y a pas eu de véritable système des finances sous Bonaparte, et que toute la science et le talent du chef et des ministres de son temps n'ont consisté que dans de fausses expositions, dans de fausses promesses, dans de faux résultats; que les effets en sont aujourd'hui visibles pour les moins clairvoyans, je ne dois plus m'étendre sur ce sujet, et je me hâte de passer à l'époque de l'administration du premier ministre des finances choisi l'an passé par le Roi.

Cette époque est remarquable par l'essai d'un systême tout nouveau, et complet dans ses vues. Il y a eu incontestablement de la sincérité, de la bonne foi, un sentiment d'équité dans cet essai et dans ces efforts. Il mérite un plus sérieux examen; je vais tâcher d'en saisir et d'en présenter les principaux caractères avec leurs effets possibles.

L'intention de payer réellement ses dettes, est toujours une chose louable; et si l'on en a eu véritablement l'intention, il faut rendre hommage à la probité, au caractère honorable de celui qui en a proclamé le devoir et manifesté le désir. Sous ce rapport, il est impossible de ne pas rendre cet hommage aux sentimens du ministre des finances choisi par le Roi dès son premier retour.

Séduit par une théorie brillante, entraîné par la perspective séduisante du résultat de son calcul, sans trop mesurer l'espace, les intervalles et les difficultés accessoires, s'il a erré, c'est de bonne foi. Il a été emporté tout à coup vers un dénouement trompeur, en ne fixant exclusivement sa vue que sur un point unique, celui qui lui offrait la plus douce des consolations et le plus flatteur des succès : un paiement intégral et complet.

Cette erreur même doit lui assurer l'estime de tous les hommes impartiaux, de tous les amis des principes et des maximes loyales, hors desquelles et sans lesquelles on ne peut revendiquer des droits à quelque véritable talent et à des vertus publiques et privées.

Ce ministre s'est égaré facilement, parce qu'il n'a conçu et vu les choses qu'en théorie.

J'ai toujours pensé que, dans l'exécution des opérations de finances, et dans l'application de tout ce qui tient aux théories d'économie politique, il est trop difficile de rencontrer de ces génies privilégiés qui saisissent tout à coup les questions et les opérations dans toute leur étendue et dans tous leurs effets; qu'il arrive presque toujours que ceux qui n'ont pour guide que la théorie, ne savent pas atteindre parfaitement leur but : ils succombent le plus souvent dans les embarras du plus petit effet secondaire qu'ils n'avaient su ni mesurer, ni même apercevoir.

Lorsque, dans le cours des progrès de l'esprit humain, on a tenté de réduire l'économie politique en une science particulière, et en corps de doctrine, on a posé des principes mathématiques, mais également applicables à la plupart des opérations et des transactions de la vie sociale; on a élevé très-haut l'édifice scientifique, mais sur des bases purement hypothétiques. Des hypothèses n'ont pu conduire qu'à des abstractions fatigantes; et les frottemens, qu'il est impossible de pressentir, font souvent crouler l'édifice jusques dans ses bases. Les hypothèses se maintiennent quelquefois avec honneur dans les écoles, durant des siècles; dans le monde, et surtout dans les affaires, la plus petite réalité, le moindre fait les renversent et les anéantissent.

Tout homme qui n'a appris le jeu des opérations financières et des problêmes d'économie politique, que dans la théorie, ne peut jamais saisir complétement la certitude ou la probabilité des résultats; c'est une espèce de tact qui ne s'acquiert ou ne devient sûr que dans la pratique; c'est dans l'expérience seule qu'on apprend à corriger ce que j'appellerai les airs de vent et les accidens de route, pour naviguer ensuite avec sureté à travers les écueils. J'ai toujours pensé que pour la conception même de tout un plan, les lumières acquises seulement dans les livres, sont insuffisantes ; et que dans le passage de la conception à l'exécution, l'expérience, la pratique des affaires, peuvent seules être un bon guide.

Revenons au ministre. — Tout à la théorie, inébranlable dans ses opinions comme dans son caractère, il avait conçu un plan, dont même le succès, selon ses vues, eût amené une calamité nouvelle ; car le résultat direct de ce plan était d'absorber presque tout le numéraire, non pas existant, mais à peu près circulant, dans ces caisses publiques qui rendent avec tant de lenteur ; et là, était un danger d'engorgement, funeste pour la circulation et pour les opérations du commerce et de l'agriculture.

On ne veut jamais assez remarquer que le plus sûr instrument de prospérité, c'est la circulation rapide des capitaux, elle est partout, et en tout temps, l'agent le plus actif de cette prospérité : c'est le problême qu'ont le mieux résolu les Anglais, et le résultat qui a le plus poussé à l'abondance de leurs reproductions, et des profits de leur commerce.

Mais ce qui devait faire manquer son but au ministre, c'est cette prétention de vouloir soutenir les effets au pair. — J'y vois d'abord une illusion de l'amour-propre, et ensuite les impressions reçues sous Bonaparte. Cette ambition, dont le premier effet est d'enrichir les agens et les confidens du ministère, domine encore dans plusieurs des écrits que j'ai sous les yeux. La plupart des auteurs qui sont dans les rangs des ministres, qui en sortent ou qui aspirent à s'y placer, tendent toujours à la hausse des effets publics, ou à des promesses d'en assurer le maintien. C'est là l'opinion des faiseurs de Paris, c'est celle de la Bourse : comment s'exposer à choquer de telles autorités ! Celui qui est indépendant, ose tout ; il n'est point intimidé par des désapprobations, par des reproches d'ignorance ; il trace sa ligne jusqu'au terme de ses idées, et en abandonne l'examen impartial au temps et à la réflexion de ceux qui peuvent considérer les choses sans préventions anticipées ou personnelles. Mais cette digression sera mieux dans un chapitre à part. Je reprends le fil de celui-ci, en disant qu'une des fautes du ministre fut l'achat des bons à terme. En adoptant ce systême, il se trouvait contraint de le lier au premier vice que j'ai signalé : la nécessité funeste de rassembler dans ses coffres le plus d'argent possible. Une seconde nécessité était d'employer sans cesse à ces rachats journaliers le plus pur de son argent ; une troisième, celle d'être bientôt réduit à suspendre le cours des liquidations, ou du moins à en ralentir la marche, et à n'en faire presque que le simulacre.

J'ai signalé déjà les effets du premier inconvénient; ceux du second n'étaient pas moins désolans; ils devaient déranger tous les calculs journaliers et positifs du trésor, si l'on n'eût restreint la marche des liquidations, en manquant ainsi à des promesses formelles. Il amena aussi en peu de jours une autre nécessité : celle d'user davantage du crédit pour cet objet, d'inonder la place de bons d'une autre nature, et de renouveler une foule d'autres obligations, au lieu de les éteindre. C'est ainsi que le ministre, en se parant de ces entassemens d'argent, et se vantant du cours qu'il faisait seul à la Bourse, et à ses dépens, était forcé de dissimuler en même temps la multiplication des engagemens d'une autre espèce. On objectera, peut-être, que ces nouveaux engagemens lui coûtaient moins que les rachats; mais comment cela eût-il pu continuer de même, si, par la nécessité de multiplier chaque jour davantage ces nouveaux achats, pour mettre les bons à peu près au pair, comme il y paraissait décidé, les bénéfices de ces rachats eussent successivement diminué, et que l'escompte des obligations nouvelles se fût naturellement augmenté, à mesure que leur nombre s'en serait accru. Encore si le ministre se fût borné à faire racheter à 20 ou même à 15 pour 100, taux bien suffisant pour satisfaire les porteurs qui se trouvaient obligés de vendre, on pourrait y concevoir quelqu'avantage; mais acheter au pair, sans avoir tout l'argent indépendant, et assuré à temps, c'était non seulement un beau idéal, mais évidemment une erreur dangereuse. Aussi, dans très-peu de jours, on fut jeté dans le troisième inconvénient, celui de manquer à des engagemens positifs, en ralentissant les liquidations; d'où il résulta encore une plus grande injustice, celle de ne liquider que quelques hommes favorisés, qui allaient recevoir presque tout leur capital; tandis que ceux qui sont restés en arrière, n'en auront plus peut-être aujourd'hui, tout compte fait, que les trois quarts; et de soumettre ceux qui voulaient jouir de la chance heureuse, à des sacrifices considérables qu'il fallait faire alors pour gagner des rangs et passer vîte. — Mais comme un inconvénient en entraîne le plus souvent beaucoup d'autres à sa suite, en voici quelques-uns encore qui ont privé le ministre de plusieurs ressources lors de sa rentrée, et qui en ont privé aussi ses successeurs : c'est, d'abord, de n'avoir pu évaluer d'assez près la masse de cet arriéré, dont la liquidation est encore aujourd'hui presque délaissée, parce tous les bureaux, quoique très-bien payés, se sont crus et se croient obligés à marcher si lentement, que leur travail n'est qu'une sorte de semblant; ce qui laisse une masse de créanciers malheureux dans une pauvreté qui n'est pas soulagée même par l'espérance, et les ministres, et tous les régulateurs de nos affaires financières, dans une incertitude désespérante sur notre véritable situation.

Si, au contraire, on n'eût pas ralenti la marche de ces liquidations, on en connaîtrait aujourd'hui le résultat le plus probable; ce qui serait très-utile; et si l'on eût liquidé vîte, si l'on eût mis sur la place promptement une masse de ces valeurs, elles seraient devenues au même instant un aliment du négoce, une cause d'activité, de transactions, d'échanges de tous les genres; ces valeurs auraient pu devenir une sorte de signe représentatif, de papier-monnaie; elles auraient concouru à rendre toutes les circulations plus variées et plus faciles; à l'arrivée des puissances étrangères, elles auraient pu diminuer nos embarras, en facilitant des opérations de finances, en fondant sur quelques primes ou légères faveurs accordées à ces effets, la possibilité de faire des emprunts dont ils eussent été la base, avec une portion à verser en numéraire; en unissant enfin par cet accroissement d'opérations une plus grande somme des fortunes privées de toute la France à la fortune publique.

C'est sous ces rapports que j'ai dit plus haut, que le ministre n'avait pas surtout aperçu de quelle ressource il se privait, en se mettant dans la nécessité de faire ralentir les liquidations.

Je conclus de tout ceci que l'on peut honorer les sentimens du dernier ministre, que je crois avoir été louables, quant aux intentions ; mais qu'uniquement imbu de théorie, il n'a pu bien concevoir les exécutions ; que très-absolu dans ses opinions, comme cela arrive presque toujours aux hommes uniquement théoriciens et à systêmes, il n'a voulu consulter aucun modeste praticien, ou ne les a écoutés qu'après coup, et avec la résolution anticipée de dédaigner leurs observations : d'où il résulte que tout en accordant de l'estime à certains hommes de bonne foi dans leurs idées et dans leurs vues, on peut, en y réfléchissant, redouter de les avoir chargés de grandes opérations financières.

QUATRIÈME CHAPITRE.

J'ai parlé de l'école de Bonaparte et de cette doctrine parisienne sur le cours élevé des effets publics; il m'a paru que cela méritait un chapitre à part. Je crois devoir le placer immédiatement après l'examen des opérations du dernier ministre, parce qu'il a paru partager cette opinion, et que plusieurs des réflexions que je vais présenter, sont de nature à justifier ma désapprobation de son systême.

Qui a terme ne doit rien ; c'est un dictum vulgaire, mais justement consacré.

En transigeant avec les créanciers de l'état, et dans des termes très-convenables pour tous, il semblait naturel que le gouvernement ne devait plus penser qu'à se libérer aux échéances, et dès lors rapporter tous ses soins, toutes ses forces, à améliorer uniquement sa situation générale. Il est assez difficile de concevoir comment le ministre a pu imaginer que ses premiers besoins étaient de maintenir et de retirer de la circulation les bons à terme. L'on m'opposera ici que le ministre n'a voulu en cela qu'améliorer sa situation générale, en remplaçant des obligations à 8 p. 100 par d'autres d'un intérêt moins onéreux ; mais c'est encore là un projet qui pèche par l'incertitude de l'ensemble, et par le dédain de la connaissance parfaite des moyens d'exécution ; ce que je suis dispensé de démontrer, puisque le résultat connu sert de preuve. Il est possible ici qu'on veuille me réduire au silence, en citant les événemens imprévus du 20 mars ; mais outre que ceux qui ont bien examiné les choses, restent convaincus que ce système, que je me permettrai d'appeler d'ostentation, devait faillir, même sans ces événemens, je soutiens qu'un véritable financier, comme un bon négociant, doit, avant tout, faire dans ses calculs la part de toutes les contrariétés possibles; qu'il en était dans les chances d'une révolution si subite et d'un gouvernement nouveau, qu'on ne pouvait livrer à une si grande confiance sans une véritable témérité; et qu'enfin, en calculant en praticien tous les faux frais de ces opérations de crédit si répétées, et les effets successifs de ces négociations continuelles, qui n'aboutissaient qu'à des remplacemens de valeurs temporaires, sans presque aucune extinction définitive avant le temps, il est douteux qu'au plus favorable, le bénéfice du trésor eût été bien important, après avoir saturé la rapacité croissante des nombreux agens qu'il devait mettre en mouvement pour ces négociations à l'infini.

Il y avait encore un autre inconvénient qui aurait dû arrêter le ministre : c'est que ces opérations, placées toujours dans des mains favorisées, devaient créer infailliblement des fortunes colossales aux intermédiaires de son choix; et cela pouvait autoriser à son égard des interprétations de nature à le blesser; que, de plus, ces bénéfices immanquables seraient faits plus ou moins, ou au détriment des malheureux créanciers propriétaires des bons, ou au détriment du trésor ; et que, sous ces deux rapports, il ne convenait point d'en nourrir la chance.

Je vois bien aussi qu'on peut donner à cette opération un point de vue moins défavorable, en disant qu'on voulait soulager les créanciers nécessiteux, pour qui leur position envers d'autres créanciers répandus dans toutes les classes de la société, et parmi les moins aisées et les plus intéressantes, réclamaient des secours.

On me trouverait sans doute trop rigoureux, si je répondais à cela, que dans toutes les grandes entreprises, comme dans le commerce, on doit moins considérer la position de ceux qui s'exposent à dépasser les bornes de tous leurs moyens, que les suites naturelles d'une telle témérité ; qu'avec cette dernière opinion, on a pour but de modérer les imprudences, ainsi que le danger d'avoir sans cesse à traiter avec des enfans perdus ; de placer souvent dans leurs mains inhabiles ou aventureuses les plus précieux intérêts de l'état. Mais en laissant de côté cette réflexion générale, je crois pouvoir cependant assurer qu'en adoptant les dispositions d'humanité du ministre, il convenait du moins de tracer une borne autour de cet acte de bienfaisance, et qu'il eût mérité assez d'éloges, en fixant un taux raisonnable pour les rachats, tel que 20 p. 100, par exemple; ce qui eût rendu l'affaire praticable, et réalisé le bonheur des plus pressés, en les servant avec plus de sureté, et sans sacrifier davantage ceux qu'une perspective exagérée laissait trop évidemment en arrière.

Mais revenons au point principal de ce chapitre, celui du cours élevé des effets publics.

J'avoue tout uniment que je n'ai jamais pu concevoir en quoi et pourquoi le cours des effets publics à la bourse de Paris pouvait être, à un certain point, le signe de la prospérité publique dans un pays comme la France, où, à dix lieues de Paris, la presque totalité des Français s'informe à peine des variations auxquelles les joueurs ont chaque jour l'adresse de soumettre plus ou moins ces effets. Si j'avais l'honneur d'être ministre des finances, la première grâce que je demanderais à S. M., en lui promettant d'être scrupuleusement fidèle au prompt et exact paiement des intérêts, serait de la supplier de ne pas occuper un seul instant son attention du cours des effets publics ; et cette même pensée, je ne la cacherais à personne ; je la proclamerais en tous lieux ; je laisserais le plus vaste champ aux combattans dans la Bourse. S'il en résultait une grande baisse, je m'applaudirais d'être en mesure d'amortir plus du capital de la dette avec moins d'argent ; je verrais dans cette situation un véhicule de plus pour attirer dans nos affaires des capitaux étrangers, et pour augmenter par-là, au loin et partout, le nombre de nos amis, des partisans de nos intérêts, de l'accroissement de notre prospérité ; et lorsque l'augmentation de ces mises étrangères, et de nos fonds circulans, aurait amené une hausse progressive et résultante d'une concurrence plus nombreuse et plus réelle, je regarderais cette augmentation comme un témoignage évident de la confiance dans nos moyens, de notre crédit mérité, et je resterais bien assuré que les variations seraient dès lors moins fatigantes, et à l'abri de fortes secousses.

J'ai dit que cette propension à placer dans le cours des effets publics le signe plus ou moins évident de notre prospérité, était une des impressions de l'école de Bonaparte, et c'est ce que je vais expliquer davantage.

Bonaparte, saisi du pouvoir avec le secours de toutes les tromperies, ne pouvait en perdre l'habitude. Certes, il n'était pas sans perspicacité; mais, malgré ses jactances, se sentant toujours mal assuré, il n'avait garde d'abandonner le plus petit intérêt au hasard ou à la réflexion; il fallait toujours qu'il s'entourât de prestiges; il était poussé sans cesse par le besoin d'éblouir; il parlait toujours de paix : mais la paix eût reposé les ames et les têtes; on eût pu réfléchir froidement; et il avait trop à perdre dans cet examen : la guerre lui devenait donc nécessaire, parce que la guerre, et surtout des victoires, devaient jeter les ames et les têtes hors de la réflexion, et dans une sorte d'enivrement continuel.

Pour faire la guerre, il lui fallait tout l'argent qu'il pouvait découvrir et saisir; et comme il ne pouvait découvrir et saisir tout celui qui lui devenait nécessaire, il se tirait successivement d'embarras par des banqueroutes; il payait en papier ce qu'il devait, ce qu'il avait promis en argent; et pour que cette ressource ne tarît pas enfin, il fallait aussi qu'il fût attentif à soutenir plus ou moins ce papier; et c'est ainsi qu'il obligeait, tantôt la Banque, tantôt la caisse d'amortissement (mais non pas pour amortir réellement), ensuite le trésor, quand il n'y avait pas ailleurs de l'argent disponible, à faire acheter secrètement des rentes, qui étaient ensuite rejetées dans la circulation, quand on avait produit l'effet désiré, ou qu'on n'avait pas d'autres ressources. La place de Paris ne perdait pas à tout cela; ces opérations faisaient successivement la fortune ou des premiers dépositaires du secret, ou de leurs agens seulement, ou des associés prête-noms admis dans ces confidences. Ces habitudes ont formé dans Paris une petite population inquiète, vociférante, qui ne voit l'état tout entier que dans le cours de la Bourse, et qui répète sans cesse que si l'on ne soutient pas la rente, tout est perdu. Je suis même convaincu que beaucoup de ces messieurs en sont venus au point de croire de bonne foi à cette doctrine de coterie.

Bonaparte, toujours forcé par sa situation précaire ou menacée, à présenter des perspectives fallacieuses, a eu souvent aussi un autre but, en se flattant de faire des cours de la Bourse de Paris une sorte de régulateur ou de thermomètre de l'opinion politique qu'il voulait insinuer en France et au-dehors. Il espérait ainsi prouver au loin, arithmétiquement, le degré de confiance que l'on avait dans son gouvernement. Il a même recueilli parfois quelque succès de cette manoeuvre; mais elle a de temps en temps coûté bien de l'argent au gouvernement et à la France. On ne doit pas perdre de vue à Paris l'époque où, s'étant mis dans la tête de faire monter les rentes au pair, il parvint à les faire hausser au-dessus de 90 fr.; alors les étrangers, et surtout les Hollandais, toujours froidement avisés, retirèrent tout à coup des capitaux considérables qu'ils avaient dans nos fonds, et avec des bénéfices énormes, qui n'ont pu avoir été payés successivement que par l'état et par les nationaux ruinés dans ce conflit.

L'unique chose importante dans cette affaire, c'est qu'on soit scrupuleusement fidèle à faciliter les plus prompts paiemens des intérêts; l'on doit peu s'embarrasser ensuite des cours de la Bourse : c'est le véritable et seul moyen d'éviter de trop grandes réactions dans les prix, et de préserver ainsi des hommes avides et inexpérimentés de trop fréquentes calamités.

L'état ne doit qu'exactitude dans le paiement de la rente; il ne doit pas plus s'inquiéter des caprices de ce crédit, que n'a coutume de s'en inquiéter un négociant solide, quand ses opérations reposent sur des bases réelles, et qu'il est assuré d'avoir ses fonds à l'échéance.

Enfin, aujourd'hui, c'est dans la solidité et l'indépendance véritable d'une caisse d'amortissement que doivent entièrement exister le régulateur et la garantie du plus ou moins de valeur des effets publics; et il faut se garder d'en chercher la mesure partout ailleurs, ni de vouloir y influer d'une autre manière.

Cette nécessité, ou cette sorte de pudeur, si l'on veut, de soutenir le cours des effets publics par des moyens forcés et coûteux, ne peut plus avoir de prétexte, quand on aura payé convenablement les créances de l'arriéré; et comme je ne puis penser que les opinions contraires et celles de les liquider nominalement par des consolidations forcées, sans quelque compensation, puissent être soutenues de bonne foi, et encore moins accueillies, il faut dès lors condamner sans retour ce système d'opérations factices, qui devient, en dernière analyse, une ruine pour le trésor, et un champ d'intrigue et de tromperies entre les mains des agens de l'exécution. — Abandonnons enfin les joueurs à eux-mêmes, et ne calculons désormais que sur les bonifications et les avantages que peuvent nous promettre des causes réelles.

CINQUIÈME CHAPITRE.

Après m'être permis de me prononcer aussi complétement que je l'ai fait au commencement de cet écrit, sur ces plans si trompeurs, adoptés et renouvelés sous toutes les formes, pendant la domination de Bonaparte, je pourrais me dispenser de parler d'aucun de ces serviteurs zélés, qui les ont exécutés sans relâche et avec un cœur d'airain.

Lorsqu'on n'a rien à approuver, ce qui est le plus facile c'est de se taire, c'est de céder à ce désir d'indulgence, dont chacun sent plus ou moins le besoin pour son propre compte; mais quand ceux pour lesquels on ne peut avoir que de l'indulgence, se remettent en scène, et paraissent aspirer à fixer l'attention publique, on se trouve contraint, quoiqu'à regret, de leur adresser du moins quelques réflexions.

Le plus habile peut-être de tous ceux qui ont participé au maniement des finances sous Bonaparte, a pris le parti de garder un silence complet; et devant une telle résignation, non-seulement on sent d'abord le regret d'être conduit, par le développement de ses idées, à censurer quelquefois ses opérations; mais on est presqu'incliné à croire que c'est plutôt de celui-là qu'il pourrait être dit par ses amis, *que pour administrer comme Sully, il ne lui a manqué que d'administrer sous un bon Roi.*

Pourquoi, ne pouvant me placer dans la même disposition à l'égard du ministre principal des finances à la même époque (celui à qui l'un de ses amis vient d'adresser cette phrase que j'ai citée plus haut, cette dotation de l'ame de Sully), me vois-je contraint de professer à son égard d'autres sentimens! C'est d'abord parce que ce ministre a mis quelque prétention à se présenter sur la scène des discussions du moment, et qu'il se trouve par-là nécessairement placé dans mon travail, qui n'est autre chose qu'une revue, une sorte de rapport sur les écrits des principaux combattans, de ces professeurs gratuits qui, chacun à leur tour, prétendent nous enseigner le meilleur parti à prendre, ou le conseiller aux chambres et au gouvernement.

En lisant l'annonce de deux écrits de ce ministre des finances, nous devions tous nous attendre à y trouver des vues nouvelles, des notions plus étendues, des projets d'un succès probable et presqu'infaillible. N'est-ce pas d'un homme vieilli dans cette carrière, parti des derniers rangs de cette administration, pour en atteindre et conserver si long-temps la suprême direction, que nous devions espérer des conseils profonds, et des découvertes que lui seul avait pu méditer et mûrir longuement ?

Quel doit être l'étonnement du lecteur, lorsqu'en parcourant ces opuscules (car on ne peut qualifier autrement ces petits écrits), l'on n'y trouve absolument que l'ascendant de deux mobiles privés, qui se rapportent uniquement :

Le premier, à un sentiment d'animosité et à des querelles personnelles ;

Le second, au désir, au besoin de faire consacrer les principes de sa conduite antérieure et de toute son administration, en procédant successivement et sans cesse par de véritables banqueroutes, et avec ces mêmes méthodes funestes, insuffisantes, qui ont ruiné à la fois les particuliers et le gouvernement, et fait disparaître les ressources toujours utiles, et aujourd'hui devenues si nécessaires, du crédit public.

Le premier et le plus fort de ces mobiles a été celui de critiquer, et de blâmer même avec amertume le plan d'un autre ministre, considéré sans doute comme un rival; d'un collègue, dont tout homme impartial ne peut s'empêcher d'estimer le caractère et les intentions, en grande partie louables, alors même qu'on peut se croire obligé d'en condamner et le résultat et le mode d'exécution.

Le désir d'étendre cette désapprobation a malheureusement conduit le ministre à exhaler toutes les violences de son ressentiment sur un des collaborateurs principaux du dernier plan; et je dis malheureusement, parce que cet entraînement de récrimination l'a mis en présence d'un athlète trop redoutable, dont je n'ai garde pourtant de vouloir approuver ici toute la conduite, comme je le prouverai dans un article à part, mais qui, plus nourri de tout ce qui se rapporte à ces objets, et, je ne crains pas de le dire, plus fort qu'aucun des chefs sous lesquels il a servi jusqu'à présent, est devenu un adversaire redoutable pour ce vétéran, à qui l'esprit de rancune qui s'accroît avec l'âge, n'a donné qu'un désavantage de plus dans cette lutte.

En se montrant excité par un désir de vengeance, le ministre a fait perdre même à ses connaissances positives la plus grande partie de l'estime qu'on peut leur devoir.

En effet, après ce point de vue, que trouve-t-on dans ses écrits? que présentent-ils de nouveau ou de consolant pour notre situation?

Quant aux consolations, le malheureux créancier n'y voit autre chose que l'effet de ces habitudes désolantes pour tous les bons esprits, qui n'aboutissent qu'à les sacrifier, comme l'on en a sacrifié tant d'autres pendant une longue carrière administrative.

Consolider la dette d'un trait de plume, payer nominalement et en chiffres, il ne faut pour cela que tracer une ligne de compte; rien n'est aussi commode, rien n'est plus facile pour qui que ce soit : il n'est besoin pour cela d'aucune étude, d'aucun calcul; il ne faut aucune habileté pour l'exécuter. Sans avoir été ministre des finances, sans être professeur, chacun pourrait trouver à l'instant une aussi belle invention : c'est tout uniment la ressource banale de tous ces débiteurs constamment disposés à faire ou à renouveler des engagemens à terme ; qui promettent de bonne grâce tous les intérêts quelconques, sauf à finir par ne payer, en dernière analyse, ni les intérêts, ni le capital ; c'est enfin une banqueroute, comme toutes les autres déjà faites. Mais est-ce dans les circonstances où nous sommes, qu'on peut se jeter sans danger dans un tel manquement de foi ? et peut-on méconnaître ce danger, lorsqu'il est devenu constant pour les esprits les plus superficiels qu'il n'y a plus de repos à espérer ; qu'il ne peut enfin exister de sécurité, et pour les individus et pour le gouvernement lui même, que dans un système loyal et solide de finances ; et que pour compléter ce système, il est impossible de le séparer d'un auxiliaire devenu indispensable à notre position, le crédit ?

Est-ce au milieu d'une aussi terrible perspective, qu'on doit se permettre de proposer froidement des actes destructeurs de toute confiance future ?

N'est-il pas en effet démontré, même à tout homme médiocrement éclairé sur notre situation et sur l'état de nos finances, que les ressources des nouveaux impôts ne seront pas toutes réalisées dans le trésor public, comme dans les calculs arithmétiques qui les fixent ; et qu'alors même que leur réalisation serait entière, elle serait insuffisante ; que chaque année nous menace d'un déficit, qui pourra même s'accroître annuellement ? n'est-ce pas ce qui résulte des conjectures de M. Bricogne, lui qui paraît le mieux posséder l'histoire détaillée de la situation actuelle de nos finances ? n'est-ce pas ce que nous offrent les calculs même du budget ministériel ? et n'est-ce pas dans les ressources du crédit exclusivement que ceux qui ont approfondi nos perspectives, placent les moyens de compléter nos besoins, et d'échapper au malheur des circonstances extraordinaires qui les ont rendus immenses ? Et c'est avec une telle perspective, que l'ex-ministre se méprend assez sur des effets immanquables, pour fermer les yeux devant le spectacle et les conséquences d'une consolidation forcée au taux nominal ; devant cette continuation de banqueroutes destructives de tout espoir d'un nouveau crédit, notre plus sûr moyen de salut !

Encore s'il ne nous eût parlé, comme quelques-uns, que de transiger, que de pactiser avec des créanciers trop embarrassans ! ont eût pu concevoir cette utilité, et en même temps se flatter de conserver ainsi même la confiance de ces créanciers. Tous les jours on voit dans le commerce que lorsqu'un négociant fait preuve de loyauté, et se réduit à des sacrifices personnels évidens, pour moins maltraiter ses créanciers, il réussit, tout en ne les payant pas entièrement, à obtenir, pour prix de sa bonne volonté et de ses efforts, une nouvelle confiance et de nouveaux crédits. Mais lorsqu'il ne montre à leur égard aucune condescendance, lorsqu'il les traite au plus mal, jamais alors il ne doit prétendre à aucun retour de confiance, à aucune espérance d'un nouveau soutien, ni compter sur de nouvelles facilités.

Je serai vraisemblablement conduit avant la fin de mes digressions à revenir sur cette matière si importante du crédit ; et c'est pour cela que je crois pouvoir me borner ici à ces simples indications, dans l'examen rapide de l'opinion fondamentale de l'ex-ministre, dont je crois suffisamment caractériser le sens, en disant qu'on n'y trouve rien de plus instructif que dans ce qui résulte de tous les faits connus de son administration. Ce qui me confirme dans l'opinion que le pire de tous les partis à prendre, serait celui d'imiter Bonaparte, et d'écouter ceux qui ont été les instrumens de sa déloyauté.—Et si en le secondant avec abandon dans toutes ses volontés absolues, on a dû mériter d'être gratifié successivement de toutes les décorations des premiers rangs de la société, il est à croire en même temps que, sous le bon Henri, Sully, cet administrateur fidèle et probe, ce ministre justement révéré (sans être cité pourtant comme un financier habile), n'aurait pas proposé de faire une banqueroute; ou, dans ce cas, il est vraisemblable qu'au lieu d'être élevé successivement aux plus hautes dignités de l'état, et d'avoir acquis tant de titres à l'estime et au respect, il serait resté à la cour baron de Rosny, et dans la mémoire des Français, avec une réputation très-peu recommandable.

SIXIÈME CHAPITRE.

Je m'éloigne avec quelque plaisir de tous ces écrits de l'ex-ministre, qui ne nous ont pas plus éclairé que son administration, pour reposer mon attention sur un petit ouvrage que M. le chevalier Hennet a modestement intitulé : *Essai d'un plan de finances.* — J'ai à me féliciter d'être revenu à une seconde lecture de cet essai, dont je n'avais pas assez senti le mérite au moment de sa publication, et en le parcourant avec rapidité; poussé, par la pensée de mon travail, à y jeter de nouveau les yeux, j'en trouve la récompense dans la satisfaction que m'a procurée cette seconde lecture.

Il m'a paru que l'auteur fait preuve en peu de lignes d'une véritable sagacité sur ces matières, et d'une précision d'idées qui appelle promptement la confiance sur le résultat de ses réflexions.

Il serait difficile, à mon avis, de tracer en moins de mots et plus clairement le véritable jeu et les effets les plus remarquables du système de finances adopté depuis longtemps, et aujourd'hui entièrement consacré en Angleterre. Il a puisé ses idées dans un petit écrit récemment publié, sous le titre *des finances de l'Angleterre*, ainsi qu'il l'indique lui-même. Mais je trouve un mérite bien précieux dans l'exacte analyse de ce système, et surtout dans l'application que M. Hennet en fait à notre situation du moment; il en tire des conséquences heureuses, en y rattachant l'espoir et les moyens de vaincre l'embarras de notre position actuelle et de nos perspectives futures.

Je suis beaucoup dans l'opinion de M. Hennet. J'avais lu et relu l'écrit qu'il cite; je cherche depuis long-temps avec avidité à pénétrer le plus avant possible dans tous les points de vue de ce système, qu'on peut naturellement et par abréviation nommer le système anglais. Je suis convaincu que ce que nous pouvons faire de mieux dès à présent, c'est d'en commencer l'essai, et de le considérer comme un des remèdes les plus propres à adoucir nos maux, et à écarter les dangers qui nous environnent; mais je crois aussi qu'il faut, dans cet essai d'un genre nouveau, et encore presque inconnu à la plupart des Français, procéder avec précaution et avec la plus grande prudence; qu'il est essentiel de marcher graduellement dans cette route nouvelle, et craindre de compromettre, par l'ambition d'un succès trop subit ou exagéré, la réussite certaine, qui peut seule nous sauver complétement.

Je vais expliquer comment j'entends appliquer mes pensées à cette mesure.

« Les Anglais, nous dit M. Hennet, ont » été conduits dans ce systême par une es- » pèce d'instinct, de désespoir. Ils ont fait » d'abord des fautes majeures; ils ont long- » temps tâtonné; le systême, par sa propre » force, a surmonté tous les obstacles : il est » enfin arrivé à sa perfection; c'est aujour- » d'hui un art réduit en principes. »

Je vais faire d'abord de ces observations judicieuses, le texte d'une partie de mes réflexions.

Nous ne sommes point, malgré la grandeur de nos maux, au point de tomber dans le désespoir; nous pouvons certainement, nous autres Français, nous considérer, sous plus d'un rapport, dans un état de lumières et d'instruction, qui ne saurait nous permettre de nous conduire seulement par instinct. Ce n'est plus en tâtonnant que nous devons entrer dans ce nouvel ordre de choses, et prétendre à ce qu'on puisse excuser nos fautes :

Cet art est aujourd'hui réduit en principes, dit M. Hennet; alors c'est un devoir pour nous de nous bien expliquer la nature de cet art, pour arriver aux conséquences réelles, plus ou moins applicables à notre position.

La première de ces conséquences est de saisir jusqu'à quel point il peut y avoir similitude des mêmes effets agissant en France et en Angleterre.

Si ce n'est pas tout à coup, si ce n'est qu'en tâtonnant, comme on le dit, que les Anglais sont arrivés à une solution convenable, quelles sont les causes qui les ont le plus puissamment aidés pour y arriver entièrement? Telle est la première question que je me suis faite; voici la réponse que je présente :

Les plus puissans moyens du succès de ce système, je crois les apercevoir dans deux circonstances qui nous sont presqu'entièrement étrangères, mais dont nous pouvons nous emparer aussi à un certain point, par gradation et avec le temps.

Ces circonstances sont, 1°. le papier-monnaie; 2°. le rapprochement des distances, et la plus immédiate réunion de la masse de tous les capitaux et de tous les intérêts.

Le papier-monnaie, parce que, sans la rapidité de circulation qui appartient exclusivement à cet agent, si promptement transmissible, d'un service si multiplicable en un instant, il est impossible de prétendre à cette activité extraordinaire, dont l'ensemble et les effets de ce système financier, poussé à un certain degré, ne peuvent se passer.

Le rapprochement des distances, et par-là le rassemblement, l'assistance simultanée de tous les intérêts analogues, parce que si, à Londres, se trouvent réunis les trois quarts ou plus des richesses et des capitaux mobiliers de l'Angleterre; si l'autre quart apparaît à chaque instant transporté à peu de frais, avec très-peu de délais, sur le même point, tout près du premier moteur de l'opération, il devient alors évident que tous les capitaux de l'Angleterre sont là en présence, pour suffire à la fois à tous les besoins et à tous les mouvemens de ses opérations, qui, une fois lancées, ne pourraient impunément encourir d'incertitude, de balancement et de stagnation quelconque. Aussi la fonction du ministre anglais, dans ces actes de si haute importance, se réduit à presque rien; c'est pour lui l'opération la plus simple; quelle que soit l'énormité de la somme, il traite cela dans son cabinet en peu de momens, avec un petit nombre d'entrepreneurs;

ce travail n'est pas pour lui plus pénible ou plus compliqué, que ne l'est pour un banquier la négociation d'une lettre de change.

Pourquoi ce petit nombre d'entrepreneurs à forfait sont-ils eux aussi hardis? Pourquoi inspirent-ils au gouvernement cette confiance immense, qui leur livre dans un traité de deux lignes des intérêts d'une aussi haute importance, presque le sort de l'état, et du moins la stabilité du cours des choses?

C'est parce que ce petit nombre d'entrepreneurs ont là, au moment même, en perspective, à leur porte, à leur disposition, presque toute la masse des capitaux, des fortunes et de tous les intérêts de l'Angleterre, qui attendent et réclament au même instant la distribution, la subdivision du risque de toute cette affaire; qu'ils offrent pour compensation, et en présence réelle, tous les moyens de paiement, et sont prêts à fournir à la fois, sans hésitation, sans lenteur, à toute l'attente, à toutes les prétentions du ministre, et à tout le calcul des besoins du gouvernement.

Peut-il de très-long-temps ou jamais en être de même en France?

Jusqu'à présent, et même dans des momens plus prospères (à un petit nombre d'exceptions près), lorsqu'il s'est agi en France d'emprunts publics, d'affaires de finances avec le gouvernement ? sur qui seulement a-t-on pu jeter les yeux, sur qui seulement la prudence et la réalité permettent-elles encore de compter ? sur Paris, et sur les capitaux fixés à Paris, et pas davantage.

Ainsi, il n'est pas temps encore d'admettre dans le calcul des essais de ces opérations nouvelles, d'autres bases que les forces, les goûts, les habitudes de Paris, et pas au-delà. C'est dans ce cercle presque unique, qu'il faut placer, pour le moment, la ligne et le point de vue des bornes de cet essai.

La France est plus étendue, plus populeuse que l'Angleterre; elle a aussi une masse de capitaux considérables; mais ils sont d'une autre nature; ils ne sont pas maniables, circulans au même degré que ceux de l'Angleterre. Celle-ci a su créer des richesses mobilières et mobiles, immenses; cette masse fournit facilement aux grosses mises de son gros jeu.

Sans doute il faut tendre au même but: les moyens sont connus, et aujourd'hui l'épreuve et la preuve sont faites. Il faut tout uniment, et cela n'est plus très-difficile, mobiliser une plus grande masse de nos capitaux, construire les instrumens de ce nouvel ordre de choses, créer enfin les agens de ces opérations, et par-là un accroissement de richesses supplétives, qui doivent nous en procurer de nouvelles dans un revenu plus considérable et assuré, par l'effet de causes dont la découverte et la démonstration sont évidentes pour les plus instruits, et de nature à convaincre bientôt les plus défavorablement prévenus.

Il faut se diriger hardiment et avec assurance vers ce résultat. Mais on ne peut se flatter d'atteindre le but tout de suite; les effets ne sauraient être l'affaire d'un instant; et pendant ce travail et ces efforts, il faut cheminer avec modération, et procéder dans la proportion de tous les mouvemens qui s'y rattachent.

Ainsi, j'adopte les principes de M. Hennet; mais je crois en même temps qu'il ne faut les mettre en pratique que peu à peu, et sur une échelle de progression et de développemens analogues.

Par exemple, M. Hennet, entraîné déjà par la conviction de tous les effets qu'il décrit sans obstacle, dans son cabinet, et appuyé toujours sur des colonnes de chiffres, sans s'arrêter aux mécomptes qui naissent trop souvent de leurs déplacemens imprévus dans l'exécution, va même jusqu'à vouloir faire les fonds d'une contribution positive, puisqu'elle est fixée en numéraire, avec le produit précaire et sans fixité de constitutions de rentes. Mais pouvons-nous prudemment l'entreprendre d'ors et déjà? pouvons-nous du moins livrer au hasard le besoin si rapproché du premier paiement annuel? L'année est déjà commencée; le créancier armé est là en présence; il n'entend pactiser avec aucun délai; il occupe par nantissement une partie de nos domaines: rien ne doit rester incertain devant un tel état de choses, et sous tous ces rapports, ce serait une imprudence, même un excès de témérité trop dangereux, que de vouloir, dès cette année, asseoir notre libération, qui doit être infaillible, sur une opération financière variable, et inséparable des accidens d'un nouveau procédé. Il me semble donc que, sans renoncer à ce plan pour la suite, M. Hennet devrait, avant tout, en détacher la portion relative au besoin de l'année courante, et fonder séparément le moyen solide et assuré

4.

de cette rentrée urgente. Je suis prêt ensuite à confier à ses espérances l'essai de rétablir avec moins d'inquiétude et d'inconvéniens, par le procédé qu'il indique, le contingent de la contribution de guerre des années successives. A cette époque, on pourrait déjà juger le degré de probabilité du succès de ces négociations ou ventes devenues des emprunts indirects, et en mesurer l'étendue, puisque j'admets qu'on commencera par payer ainsi toutes les autres dettes de l'état.

De plus, il est évident qu'en payant les créanciers intégralement, comme on doit le faire, si l'on veut du moins se sauver par le crédit, l'état doit éviter de jeter à la fois trop de valeurs dans le marché; un surcroît d'opérations de la même espèce, pour rassembler le numéraire de la contribution de guerre, jetterait trop de confusion et de concurrence dans ces emprunts et dans ces usages du crédit, malgré toutes les montres d'amortissement possible.

On éprouve journellement dans le commerce ce qui résulte de vouloir faire marcher trop d'opérations à la fois, et comment, en voulant donner trop d'étendue aux spéculations les mieux fondées, on arrive souvent, par cet agrandissement, à en changer du tout au tout le résultat.

Je pense donc que pour cette année, M. Hennet ne devait pas porter ses prétentions au-delà de l'application de son système à la liquidation générale des dettes nationales.

M. Hennet se montre pénétré de notre position et de l'avenir, en insistant sur le paiement complet de nos dettes, c'est-à-dire, au cours de la rente.

Sans bonne foi et probité, il ne peut exister de crédit; et sans crédit, nous ne pouvons plus nous tirer d'affaire. Voilà sur quoi tout homme pénétré de notre véritable position présente et future, et des effets des opérations de finances, ne peut tergiverser que par mauvaise foi, ou par des intérêts personnels.

M. Bricogne propose des vues qui ne sont pas très-favorables aux créanciers de l'état : il se fonde sur le taux fixé par les étrangers pour leurs créances, c'est-à-dire pour les contributions imposées par la victoire. Nul doute que M. Bricogne n'ait raison, lorsqu'il dit qu'il serait odieux de traiter les nationaux à qui l'on doit, moins bien que les étrangers qui prennent : mais comment l'idée qu'il faut les traiter mieux, ne s'est-elle pas présentée à M. Bricogne? Une augmentation d'intérêts entraîne des sacrifices plus considérables ; mais entre le gouvernement et les citoyens, c'est la France, en quelque sorte, qui paye à la France. Quand tout se passe entre nous, rien ne sort de chez nous ; tout y reste, et pour tout fertiliser ; et lorsqu'à côté de la caisse qui paye ces intérêts, il y a une caisse d'amortissement qui les éteint, le gouvernement est bientôt déchargé du poids de ces sacrifices, qui ne grèvent jamais beaucoup le corps de la nation. Nous parlons beaucoup, et nous nous effrayons presque de la dette énorme qui pèse sur l'Angleterre, et semble au moment de l'écraser ; et peu de gens réfléchissent que ces immenses intérêts de la dette publique, payés si régulièrement aux Anglais, sont peut-être la cause principale de ces prospérités de l'Angleterre, qui croissent dans une plus grande proportion et dans une progression plus rapide encore que sa dette. Je n'en conclus pas qu'il faut s'endetter autant qu'eux ; mais M. Bricogne me permettra d'en conclure que c'est comme eux que nous devrions payer. M. Bricogne, dans ce rapprochement des étrangers et des nationaux, a laissé échapper une autre considération ; il n'a pas assez vu ou il a trop oublié que les puissances étrangères ont bien posé une borne au *minimum* qu'elles peuvent toucher; mais qu'elles n'en ont pas posé au *maximum*. Si la baisse descend à 75, c'est là qu'elle s'arrête pour eux alors même qu'elle descend plus bas pour nous ; et ils ne renoncent pas pour cela au profit de la hausse, quelque haut qu'elle puisse monter : c'est ainsi que des vainqueurs transigent; mais la justice de la nation et du trône doit avoir pour les droits autant de respect que pour la force.

A la place des créanciers, cependant, je préférerais encore le paiement conseillé par M. Bricogne, à ces bons à 8 p. 100, dont le peu de solidité est facilement aperçu.

Je viens d'établir les devoirs rigoureux du gouvernement qui doit; mais je suis loin de vouloir taire les devoirs des créanciers qui sont citoyens. Quand le gouvernement qui doit, fait des efforts, les créanciers qui sont citoyens doivent faire des sacrifices ; non-seulement ils doivent adhérer à des retranchemens nécessaires, mais ils doivent de la reconnaissance pour tous ceux qu'on ne leur impose pas.

J'ai dit dans un autre chapitre comment

on voit chaque jour dans le commerce des créanciers continuer leur crédit à des débiteurs de bonne volonté, qui avaient montré une louable résignation ; ce qui me fait croire que l'état pourrait prétendre à compter sur les mêmes faveurs, en adoptant un terme moyen entre la proposition de M. Bricogne et celle de M. Hennet. — Ma base aurait d'ailleurs un avantage de plus dans le systême de M. Hennet ; c'est qu'elle présente d'ors et déjà un point fixe pour le départ de ses premiers calculs : ce point, je l'établirai sur le taux de 70 fr. ; il est moins désolant pour les créanciers, que celui de M. Bricogne ; il est beaucoup plus désavantageux que celui de M. Hennet ; mais il n'est pas d'un résultat assez accablant, pour que le créancier en soit trop découragé, et par-là disposé à un refus de nouveau crédit.

Ce chapitre aura peut-être paru un peu long, mais la matière est d'un genre assez abstrait ; je me suis peut-être répété, par crainte de paraître obscur. Si j'ai mal expliqué chacune de mes vues, je me suis flatté qu'on en pourrait saisir le sens et la pensée dans l'ensemble ; je désire d'ailleurs qu'on veuille suppléer à l'insuffisance de mon travail, par la lecture de l'intéressant exposé de M. Hennet, qui mérite d'être médité.

SEPTIÈME CHAPITRE.

Parmi les écrivains qui viennent de nous présenter leurs opinions et leurs conseils sur nos finances, M. Bricogne est celui qui a le plus occupé l'attention publique. A plus d'un titre, il réclame de tous les esprits attentifs un article à part. Il a consacré une partie de sa vie à l'étude et au maniement de nos finances; parvenu assez vîte, par ses talens et par ses services, au rang de premier commis et de principal collaborateur du ministère, personne n'a été plus à portée de connaître cette partie et d'en approfondir les détails.

Il est facile d'apercevoir dans les écrits de M. Bricogne qu'indépendamment des avantages particuliers à sa position, il a aussi naturellement de l'esprit, une instruction variée, abondante, et le plus grand nombre de ces qualités qui constituent le talent.

Déjà l'année dernière, ceux qui lisent avec attention, surent distinguer et apprécier le premier écrit de cet auteur. C'est, à mon avis, un de ceux où l'on trouve, avec le plus de clarté, les idées générales les plus saines sur les finances, et sur les moyens les plus pratiques d'exécution.

Ses derniers ouvrages ne me semblent pas réunir au même degré les mêmes genres de mérite; on y cherchait plus de vues encore et on en trouve moins : si l'expression était moins triviale, on pourrait dire qu'en le lisant, l'on mâche quelquefois à vide : ce vide, on doit l'attribuer à la nécessité où s'est cru réduit M. Bricogne, de se défendre personnellement, lorsqu'il n'aurait dû penser qu'à discuter les grands intérêts de la nation; l'amour-propre l'animait outre mesure, lorsqu'il n'aurait dû s'occuper que des grands intérêts de la patrie; et l'on pourrait souvent lui appliquer ce vers si heureux,

Qui discute a raison, et qui dispute a tort.

Je ne me crois pas, je l'avoue, exposé à tomber dans l'écueil que M. Bricogne n'a pu éviter : nous n'avons rien à nous disputer l'un à l'autre, et nous avons un intérêt commun à trouver les vérités les plus utiles à la France. La clarté continuelle de ses idées aide à apercevoir où en est l'erreur; il exprime très-nettement tout ce qu'il conçoit; mais ce qu'il conçoit, ne paraît pas toujours conforme à ce qu'il a dit. En rendant justice à son talent, j'analyserai avec sévérité sa doctrine, et par-là je croirai avoir acquis des droits même à sa reconnaissance.

Il ne m'appartient pas de rechercher les motifs des changemens subits de M. Bricogne; je suis même loin de vouloir les attribuer à des ambitions secrètes : M. Bricogne a trop de sagacité, pour ne pas sentir qu'elles s'en trouveraient compromises. Quel est le ministre qui voudrait s'associer un collaborateur aussi variable dans ses opinions? Quel est le gouvernement qui voudrait livrer sa confiance à un agent aussi enclin à changer subitement de plan et de principes, devant les diverses opinions momentanément en crédit auprès des chambres, ou d'après des événemens quelconques?

Certes, ce qui est toujours, et toujours le plus propre à mériter la confiance du ministère et du monarque, c'est un caractère solide et loyal, qui, après avoir fixé l'attention par des principes estimables, présente encore l'assurance de le trouver constamment dans la même route.

Tâchons maintenant de démontrer quelles

sont les opinions nouvelles de M. Bricogne, qu'il serait dangereux d'admettre : c'est le cas de diriger d'abord cet examen sur les points fondamentaux, et, suivant moi, décisifs, de la détermination qui va être prise par les chambres :

Le paiement de la dette arriérée ;

La nature et la solidité de l'amortissement.

C'est surtout pour le paiement de la dette, que M. Bricogne abandonne tout à coup le systême préféré par lui jusqu'à ce moment ; il n'hésite pas à se détacher de tout sentiment paternel envers ces obligations jusqu'à présent chéries, et il remplace ce moyen de paiement par une consolidation non pas précisément nominale, mais à 75 fr.

Il y a long-temps qu'après y avoir réfléchi, je condamne ces bons ou obligations ; c'est désormais, commercialement parlant, une opération manquée, et qui ne peut plus être menée à bien.

Que cette opération ait péché par les bases, qu'elle ait succombé par l'effet d'un mauvais commencement d'exécution, ou d'événement de force majeure et impossible à prévoir, c'est ce qu'il est inutile de discuter ici, surtout après que les calculs de tous ceux qui nous ont présenté des budgets dans ce sens, ont établi deux choses contraires à la certitude du paiement intégral de ces bons.

La première résulte de ce que tous ces budgets nous offrent en résultat un déficit plus ou moins grand.

La seconde, de ce que, même en attribuant à ce mode de paiement une absorption immédiate dans l'achat des forêts, il reste plus que vraisemblable que le produit présumé de ces ventes ne suffirait pas à leur emploi.

Or, laisser au hasard les moyens de ce paiement, et présenter l'apparence de tout l'insuccès de ce hasard, n'est pas une mesure suffisante; c'est condamner le plus grand nombre des porteurs à une trop grande durée de l'incertitude de leur sort définitif, et à tous les sacrifices résultans de cette position.

Il n'y a plus qu'un moyen de voir clair dans nos affaires, et de pouvoir calculer sur quelque chose de fixe pour l'avenir ; c'est de liquider vîte, de liquider enfin ; et ensuite, dans l'absence de tous moyens de payer réellement en capitaux, de payer en rentes, et de consolider, pour amortir avec le temps, et pour améliorer notre situation par des libérations successives et, en quelque sorte, insensibles.

M. Hennet, qui part d'un principe, non-seulement louable en soi, mais encore motivé judicieusement par le besoin d'opérations futures, et presque incessantes du crédit (besoin que personne ne peut méconnaître), sans lesquelles nous ne nous tirerons jamais d'affaire, propose et conseille de payer intégralement ce qu'on doit réellement ainsi, par des rentes au cours.

M. Bricogne, qui est aussi en état que qui que ce soit de sentir la justice de ce taux de paiement, et même son utilité, sans doute, par suite de la flexibilité de son caractère, ou de sa facilité pour les concessions aux opinions qui lui paraissent momentanément en crédit, propose une conclusion arbitraire, une cote mal taillée, qu'il fixe à 75 fr. Il paraît, après cela, croire qu'il ne doit combattre que le sentiment de ceux qui, en considérant les choses très-sérieuses d'une manière superficielle, ne voient rien de plus simple que d'user de la puissance, pour dicter le résultat, n'importe comment, et sans s'embarrasser des suites.

Il ajoute seulement qu'on ne peut pas payer aux nationaux moins qu'aux étrangers, et j'ai cru déjà devoir lui faire remarquer que les étrangers n'avaient pris ce taux que pour *minimum*, et en s'appropriant le résultat de la hausse.

Sans vouloir chercher à n'être de l'avis de personne, mais croyant que c'est ici le cas de choisir un terme qui puisse concilier raisonnablement, et ces différences d'opinions, et la différence des effets de l'un ou de l'autre mode, j'ai indiqué la fixation de 70 fr., parce que je crois qu'on peut espérer à la fois de cette gradation une bonification pour l'état, qui ne sera pas de nature à trop désespérer le créancier, dont il faut tâcher de ne pas perdre la confiance; et aussi qu'elle peut devenir une pactisation assez raisonnable pour tous, dans laquelle l'un ne pourra méconnaître la bonne volonté, ni l'autre perdre l'espoir d'obtenir de nouveaux crédits.

Mais ces différences, au reste, et même le paiement intégral qui est, avant tout, un devoir de justice, et qui serait par-dessus tout l'effet de la meilleure politique appropriée à notre situation, n'empruntent une très-grande importance en moins ou plus que dans l'esprit de ceux qui ne veulent pas en considérer toutes les conséquences, et qui ne savent pas en apprécier tous les effets quelconques.

Envers qui, en dernière analyse, nous trouvons-nous avoir fait ce que quelques-uns regardent comme de très-grands sacrifices? Envers nos propres concitoyens, c'est-à-dire, envers nous-mêmes : ce n'est, après tout, qu'une rosée que nous répandons sur notre propre sein ; c'est un secours, c'est une semence que nous accordons pour jouir du produit; c'est, au demeurant, et à bien prendre, un prêt que nous faisons à intérêt ; car ce prêt doit servir essentiellement à désintéresser d'autres créanciers, à rétablir des édifices, à relever et agrandir des fabriques, à ouvrir des canaux, améliorer des terres, à raviver enfin une foule d'établissemens et d'ateliers languissans, qui à l'instant vont offrir à l'état, aux impositions, à la masse générale des richesses, un accroissement de produits, et par-là une augmentation certaine de tributs et de revenus pour le gouvernement.

J'entends ici ces spéculateurs à courte vue, qui ne voient jamais que le point unique du premier départ, s'écrier : Le beau calcul que vous nous présentez là! N'est-ce pas nous tous, n'est-ce pas de la poche commune et générale que vous voulez faire sortir le prix, la monnaie de cette portion, que moi j'entends supprimer à quelques-uns, pour qu'il en coûte moins à tous? voilà vraiment une belle opération que celle que vous nous prônez tant! elle n'est autre chose, aux yeux du gros bon sens, que de faire une plus forte collecte générale, et de diminuer les réserves du plus grand nombre, pour enrichir davantage le plus petit.

Assurément, Messieurs, ceci, sans être totalement vrai, présenterait un grand aspect de raison, si je vous demandais un capital réel, une somme en numéraire que je ne ferais que prendre à droite, pour la replacer à gauche. Mais veuillez bien remarquer qu'il n'est pas question de payer en capitaux, mais de vous libérer avec des rentes; l'on ne prétend point tirer de vos poches cet excédant; vous allez l'emprunter, le tirer même, en très-grande partie, de la poche de votre débiteur; vous en serez très-peu ou même pas du tout incommodé; et après cette action juste, vous serez aussi content qu'eux; et cette satisfaction commune peut devenir de quelque prix, pour cette satisfaction plus générale, notre plus sûr sauvement à tous.

Ne pas payer le capital, me répond-on, c'est assez doux; mais je m'endette; et il faudra bien ensuite que je concoure pour ma part à un plus fort contingent des intérêts. Il est plus simple que je règle tout de suite au plus bas cette dette, puisque j'ai le pouvoir en main, et que je crois par-là la rendre moins sensible.

Ici il faudrait, d'abord, pour première réplique, présenter matériellement et en chiffres, à tous les yeux, ce que peut devenir, pour chacun en particulier, la portion d'obligation annuelle et de contribution qui le compète isolément, afin de pourvoir au supplément d'intérêt de 7 à 8 millions annuels, qui est, après tout et en dernière analyse, ce qui constitue le principal objet des débats dans tous ces plans de finances, ainsi que la solution d'où doit résulter ou une nouvelle banqueroute honteuse, et, à sa suite, la stérilité; ou un grand acte de loyauté, d'honneur, et en même temps la confiance, le crédit, et le germe de toutes les prospérités, le charme de toutes les espérances.

N'est-ce pas d'ailleurs une opération toujours heureuse, de former avec des milliers de petites sommes, sans action et sans fécondité, des capitaux, des mobiles, dont l'influence et l'application peuvent seules porter le mouvement là où il n'existait pas ; dont le secours bien dirigé peut seul donner au génie des particuliers et des gouvernemens la puissance de tout perfectionner ; porter de nouvelles créations dans tous les arts et dans toutes les sources de richesses privées et publiques? Le véritable talent de l'administration ne consiste-t-il pas à prendre dans la circulation générale, sans la troubler, des filets d'eau, en quelque sorte, pour en former, en les réunissant dans les mêmes canaux, comme des fleuves, qui fertilisent tout et font tout prospérer? Ramasser pour distribuer, distribuer pour ramasser en plus grande masse encore, voilà ce qui produit en Angleterre ces miracles de l'industrie, qu'il vaudrait mieux imiter que de les nier, ou de les admirer inutilement.

Dans mon système de payer avec des intérêts seulement et par un emprunt indirect ; d'amortir journellement, et sans secousse ni gêne, la charge de cette dette ; en nous constituant débiteurs de cent millions de plus, ou de cent millions de moins, nous ne contractons que l'obligation de doter annuellement de 4 ou 5 millions de plus ou de moins la caisse d'amortissement, ou de prolonger la cessation de dette d'un ou deux ans plus tard. L'effet de ce plus ou moins dans l'un ou l'autre cas, est un infiniment petit, un infiniment peu sensible pour chacun isolément; qui donc pourra hésiter, s'il veut réellement approfondir la chose jusques dans ses derniers termes? Si l'on ne le veut pas ainsi, de tout cela que résultera-t-il? Le manque de probité, la foi publique outragée, une banqueroute déshonorante, et, par suite, la perspective de futures banqueroutes inévitables.

Payer comme le dit M. Bricogne, est insuffisant, et trop peu rassurant pour l'avenir.

Payer comme je l'indique par conciliation, c'est, je crois, un mode qui diminue le mal, et peut ne pas faire désespérer tout à fait de lavenir.

Payer comme le fixe M. Hennet, c'est le mode juste, mais surtout le fondement le plus solide et le point de vue le plus complet du systême qu'il propose, et qu'il est urgent d'adopter dans toutes les proportions, et jusqu'au degré que nous indiquent notre état présent et l'étendue actuelle de nos moyens.

Après avoir examiné ce qui se rapporte à la détermination à prendre pour le paiement de la dette arriérée, je suis tout naturellement conduit à parler de ce qui regarde l'amortissement, et la libération successive des charges annuelles en rentes.

Cette opération de racheter graduellement ces mêmes rentes pour les supprimer, c'est-à-dire, pour en éteindre d'autant le titre et la charge, qu'on appelle amortissement, tout en ne présentant en soi qu'un résultat arithmétique, pris dans la nature de la chose, et par conséquent ayant pu être plus ou moins connu et pratiqué, depuis qu'on s'est mis d'accord dans l'invention des chiffres, et l'emploi de leurs diverses combinaisons, est pourtant regardée, sous les rapports de la plus grande application présente, presque comme une découverte moderne.

Il est certain que dans tous les temps des calculateurs, des spéculateurs avisés et instruits se sont occupés d'améliorer, ou de rendre ainsi plus facilement praticables la marche et le succès de leurs entreprises; mais ce n'est que depuis une époque contemporaine et assez rapprochée de nous, qu'on a véritablement cherché à en faire l'application en grand ; que par-là elle a fixé l'attention générale, qu'elle est devenue en quelque sorte un corps de doctrine préliminaire et indispensable pour tous les financiers, ou qui aspirent à l'être.

Aussi, dans ce moment, se garderait-on bien de présenter un plan de finances, sans l'appuyer ou le renforcer par celui d'une caisse d'amortissement. Ceci a d'ailleurs son grand fond d'utilité : c'est que chacun taillant les dimensions et les perspectives de sa caisse d'amortissement suivant le besoin de son calcul arbitraire, tout se trouve ainsi arrangé sans réplique, et compensé parfaitement sur le papier.

La nature de la dotation ne m'a pas paru, chez la plupart, avoir coûté beaucoup de recherches ; car presque tous se sont contentés d'en prendre les fonds dans ce qui était le plus à leur portée, sans s'arrêter souvent au plus ou moins de fixité de la quotité réelle, ou des moyens de la percevoir à temps prescrit et par une marche invariable.

Les uns veulent amortir vîte, les autres lentement ; tous désignent hardiment leur époque de libération complète, sans trop s'embarrasser des incidens imprévus ou à prévoir. Mais je pense que celui qui procède avec toute la réflexion que l'objet peut exiger, considère peu le plus ou moins de rapprochement d'une époque de libération définitive; plus attaché à trouver dans ce remède les moyens sûrs d'emprunter toujours, sans que personne ne soit ni rebuté ni accablé, il cherche seulement à se débarrasser d'un fardeau trop lourd en une fois, par de petits sacrifices momentanés et insensibles, et par des extinctions successives, sans secousses.

Il lui suffit que cette opération soit réellement conservatrice des forces premières; ce que je comparerai à certaines mécaniques destinées plus essentiellement à conserver l'action constante du même mouvement, qu'à l'accélérer ou le ralentir.

Une fois entrés dans la vaste carrière de ces emprunts presque fictifs, qui ne fatiguent personne, parce qu'il ne s'agit jamais que d'une petite somme à la fois, c'est-à-dire de se constituer débiteur des intérêts, et non du capital, le point essentiel à rechercher n'est pas le moment plus ou moins prompt où cette ligne de compte disparaîtra de dessus le papier, et le plus ou moins de vîtesse d'un amortissement définitif, mais seulement la constance et la solidité de ces mêmes effets, qui peuvent promettre, et ne pas diminuer la facilité de continuer les mêmes opérations chaque fois qu'on en sentira le besoin. C'est le point important qu'il faut s'attacher à démontrer en pareil cas, ainsi que je crois l'avoir assez justifié.

M. Bricogne a taillé en grand pour sa caisse d'amortissement; et il trouve tout simple d'en puiser les principaux fonds dans le plus solide contingent de nos contributions.

Ce qui est, à mon avis, le principal et le plus sûr effet que l'on doit se proposer dans cette institution de caisses d'amortissement, c'est la rentrée successive et infaillible du fonds qu'on juge à propos de leur attribuer; c'est surtout l'indépendance la plus complète de la disposition dans les mains uniquement destinées à en faire l'application positive; il faut que les moyens désignés soient assurés, et leur emploi immédiat, hors de l'atteinte de toute suspension quelconque.

Je ne prétends point examiner ici quelle est la nature de fonds qu'il serait préférable d'attribuer à cette caisse, et quels sont ceux qu'on ne peut distraire de leurs autres destinations, sans de trop grands inconvéniens;

le choix de cette distribution doit être mieux jugé et déterminé d'avance par ceux qui ont dans les mains le maniement de tous les intérêts, et la connaissance plus parfaite du degré d'exigence de tous les besoins ; et c'est du ministre en fonctions qu'on doit attendre les désignations les plus convenables, pour qu'ensuite le corps législatif puisse faire le meilleur choix.

Mais je crois devoir faire remarquer ici que M. Bricogne ne m'a jamais paru assez pénétré du besoin fondamental de la parfaite indépendance de cet objet ; car dans ses premiers écrits, il proposait à peu près d'en laisser le ministre dispositeur principal, et le répartiteur le plus influent ; et même, dans son dernier ouvrage, il ne semble n'avoir voulu donner une certaine force qu'à l'attribution de la première année, puisque ce n'est que pour celle-là qu'il propose de rendre débiteur immédiat de la caisse le receveur-général de la Seine, comme si, le besoin ne devant pas cesser avec l'année, il n'eût pas été aussi simple d'indiquer que chaque année il serait souscrit par les receveurs, directement, et à l'ordre de la caisse d'amortissement, une portion relative d'obligations, dont la caisse serait immédiatement mise en possession, sans intermédiaire, et dont elle pourrait dès lors seule user et disposer, sous sa responsabilité, conformément aux prescriptions de la loi.

Quoi qu'il en soit, le point essentiel ici, est que pour les fonds attribués à cette caisse par la loi, le versement ait lieu directement des mains des collecteurs dans la caisse de l'amortissement, et que ni le ministre ni aucun autre agent du gouvernement ne puisse jamais s'immiscer dans cette opération, et ralentir ou interrompre sa marche un seul instant.

Après avoir opposé mes opinions à celles de M. Bricogne, sur le paiement de la dette arriérée, sur les bases de la caisse d'amortissement qui sont, selon moi, dans le travail du moment, les points préalables et fondamentaux de tous nos arrangemens de finances, je pourrais passer à un autre chapitre, sans plus fatiguer mon lecteur dans celui-ci; mais M. Bricogne nous a si souvent et si utilement occupés par ses nombreux écrits, qu'il me pardonnera encore quelques observations.

Entraîné sans doute par son penchant à plaire, et par toute la condescendance qui en résulte, M. Bricogne rejette, sans hésiter, et avec une sorte de dédain, toutes les économies résultantes des diminutions de traitemens et soldes ; dont S. M. a donné un si touchant exemple. Sans doute si un tel sacrifice devait s'arrêter dans la maison royale, tout français s'empresserait de le refuser ; mais comment M. Bricogne peut-il feindre de ne pas voir que ce qu'il y a de plus intéressant et de véritablement précieux dans cette générosité du Prince, c'est qu'il en résulte qu'elle sert de modèle et de mesure pour obtenir ou exiger sans regret un sacrifice proportionnel, et devenu nécessaire de la part de tous les salariés de l'état, et surtout des principaux chefs de notre immense burocratie ?

Qui mieux que M. Bricogne connaît l'importance des appointemens de ces nombreux chefs de bureaux, dont quelques-uns sont mieux dotés que ne l'ont jamais été nos officiers dans les plus hauts grades ? M. Bricogne a pu en juger autour de lui. Tant de libéralité pourrait à peine se pardonner dans un ministre en place ; mais il n'y est pas encore, et l'on ne peut dire pour lui : *de minimis non curat prætor.*

Cependant tous ces détails qui paraissent petits, formeraient, par leur réunion, une somme et un secours assez considérables ; M. Bricogne ne devrait pas du tout les négliger dans ses calculs. Ceux-ci présentent déjà des vides, qui doivent encore se multiplier et s'agrandir, quand il rétablira, comme cela doit être, dans son calcul, de nos charges à amortir, tout notre arriéré avant l'an 9, de près de 80 millions, qui y est tout à fait imputable ; il ne nous explique pas aussi d'une manière satisfaisante pourquoi il laisse, dans les mêmes calculs, totalement de côté la surcharge annuelle des rentes, dont il entend se servir pour ses paiemens de liquidations.

Je ne présente ici aucune ligne de calculs, parce que je n'entends procéder maintenant que par l'arithmétique du raisonnement, et non par celle des chiffres. Ce sont les principes qui servent de bases aux calculs ; d'accord sur les bases, le travail des chiffres et leur application sont à la portée de tout le monde. Mais pour cela même, il faut de l'accord et de l'ensemble ; car si chacun prétend chiffrer de son côté, c'est alors à n'en pas finir, et l'on n'arrive le plus souvent qu'à ennuyer sans convaincre.

J'allais borner ici cette conversation avec M. Bricogne ; mais l'abandon si subit qu'il a fait des forêts et des communaux, me semble mériter une légère mention.

M. Bricogne avait, jusqu'à ce dernier moment, fondé ses plus grandes espérances sur le produit de la vente de ces propriétés publiques; il vient d'en rejeter la ressource avec une sorte d'indignation pieuse; et l'on a dû véritablement admirer tous les sentimens édifians qui se sont si heureusement emparés de lui, avant qu'il ait entièrement contribué à consommer cette œuvre d'iniquité. — J'ai bien résolu de ne traiter jamais aucune question politique, et je me garderai de discuter sous ce rapport le mérite du changement de M. Bricogne; je ne m'aviserai pas même de citer toute cette doctrine qui semble avoir servi à nous prouver que ce qui est à tous n'est à personne, que ce qui n'est à personne est toujours fort mal soigné, et que ce qui est mal soigné ne produit rien; tandis que si les mêmes propriétés passaient un peu dans chaque main, et devenaient ainsi des propriétés particulières, bientôt on pourrait y reconnaître l'effet salutaire de l'œil du maître, et voir de belles récoltes là où il n'y avait avant que des plantes stériles, ou quelques arbres épars et maltraités; que cette métamorphose pourrait accroître les provisions de nos marchés, la masse de nos moyens d'échanges et d'exportations, et bien certainement la somme des tributs individuels, et l'importance des recettes du caissier public. Peut-être traiterait-on ce tableau de chimère ou d'argument révolutionnaire; cependant j'ose assurer que c'est ce que l'on m'avait enseigné ainsi, avant que j'eusse entendu parler de révolution.

Il est vrai que M. Bricogne se récrie principalement sur les fâcheux résultats du mode de vente proposé, et je partage à un certain point son opinion; mais si on appliquait ces bois à une partie de la dotation de la caisse d'amortissement; si on l'autorisait chaque année à faire procéder sous ses yeux à la vente et à la recette; si on opérait annuellement par cinquième, par exemple, n'éviterait-on pas ainsi les plus grands inconvéniens, et ne pourrait-on pas en espérer les plus grands avantages?

M. Bricogne peut voir que je lui fais ici quelques concessions. Mais il n'en est pas de même pour les biens des communes; il faut n'avoir jamais vu ces choses-là de près, pour hésiter dans le projet de changer la nature de ces propriétés banales, et qui existent ainsi, en plus grande partie, plutôt pour le ravage et la dilapidation, que pour le bien des individus.

Les communaux étaient une ressource nécessaire pour le peuple, dans les temps voisins de la conquête, pendant la féodalité, et jusqu'à ce que le nombre des propriétaires se fût multiplié de tous les côtés; mais depuis ils ont naturellement été négligés et condamnés à tous les effets de l'abandon et des outrages du premier occupant. Les seigneurs, les subdélégués, les maires ou jurats en ont successivement escamoté les meilleures portions. Pendant la révolution, et lors du fameux partage, les hurleurs des villages, les patriotes par excellence y ont pris, dans beaucoup d'endroits, les meilleures parts. Chaque jour même, dans beaucoup de cantons éloignés, le maire, le juge de paix, les membres du conseil, leurs confidens en prennent encore à petit bruit quelques morceaux.

Que reste-t-il aujourd'hui de toutes ces fameuses richesses communales ? des landes éparses, isolées, des terrains noyés; des bas-fonds couverts de joncs, des mares malsaines, dont on ne peut plus espérer quelque produit, que quand ces objets auront passé dans des mains particulières.

Je vois cette chose si différemment de M. Bricogne, que je crois que les communes, loin de se plaindre, regarderont cette vente comme un bienfait; que, loin d'y voir une lésion, une perte, elles considéreront la rente que l'état leur fera du produit, comme une véritable générosité; qu'elles trouveront dans cette rente un soulagement inattendu; et, ce qui n'est pas à négliger, que l'effet de cette opération sera de les rattacher davantage, par ce petit intérêt propre, au désir et au soutien des paisibles succès de l'administration et de la chose publique.

Enfin, j'envisage cette opération sous un point de vue si différent de celui de M. Bricogne, que je n'hésite pas à croire que si l'état n'avait pas des besoins aussi urgens, il vaudrait mieux les donner pour rien, et en faire au plutôt une distribution bien entendue, que de laisser subsister les choses comme elles sont dans ce moment.

HUITIÈME CHAPITRE.

Je ne m'occuperai point, comme quelques-uns, d'opposer un autre mode de budget à celui du ministre; le genre d'arrangement de ce tableau est une chose très-secondaire; je ne chercherai pas non plus à contester le plus ou moins d'exactitude des détails ou de leurs classemens. Une partie de ces points tient beaucoup plus à la manière de chacun, qu'au fond véritable des choses; ils sont plus ou moins tracés par les habitudes prises, ou par la nécessité de l'ordre du travail consacré dans les bureaux des ministres, et par la corrélation avec les états déjà fournis précédemment. Le plus essentiel est de montrer les moyens qui peuvent conduire à diminuer par la suite la multiplicité des parties et des opérations du ministre, et, par-là, à simplifier les notes comme les résultats incertains; ce qui donnerait un résumé plus précis, plus court dans tous ses détails, et par conséquent plus facilement intelligible et convictif pour chacun.

Le ministre s'est évidemment traîné sur les traces de son prédécesseur, et sur les traditions de ses bureaux; je ne doute pas que, plus ancien dans le maniement de ces sortes d'affaires, et dans la connaissance des origines et des effets, il ne nous eût présenté d'autres opinions et d'autres projets que ceux qui ont dirigé plusieurs de ses propositions.

Ce sont là des conjectures; mais je crois pouvoir bientôt leur donner des appuis solides. Il me paraît facile de prouver que la moindre expérience personnelle de ces affaires eût détourné le ministre de l'idée de maintenir ces bons à trois termes, avec intérêts de 8 p. 100.

Quel financier, quel négociant pourrait en effet préférer de se constituer débiteur à terme fixe, plutôt que de se libérer avec des engagemens qui n'auraient pas d'échéances positives et exigibles ? Cela devient encore bien plus difficile à concevoir, lorsqu'on annonce en même temps la certitude d'un déficit inévitable au bout de l'année, et la perspective infaillible de déficits successifs pendant un grand nombre des suivantes. Quelle assurance peut alors accompagner celui qui contracte l'engagement de ces paiemens à termes obligatoires? quelle confiance pourra rassurer ceux qui devraient compter invariablement sur ces paiemens ? N'est-il pas évident que l'avenir certain d'une telle opération est la gêne et l'impossibilité d'accomplir pour le premier; et la certitude pour le second de devoir souscrire à de nouveaux atermoiemens, et d'être réduit à ce qu'on a déjà pratiqué, à ce qu'on pratique encore, en dépit des promesses et des apparences, à liquider réellement très-peu, à liquider très-lentement, et à perpétuer, en quelque sorte, cet état fâcheux pour le débiteur lui-même, d'ignorance de la véritable situation de ses dettes; et pour le créancier, cet aspect désespérant de délais sans fin dans l'arrêtement de ses comptes?

Le ministre a déjà dû si fortement sentir ces inconvéniens, qu'il est avéré que, dans tous les ministères, on ne procède aux liquidations, ou l'on n'arrête définitivement celles qui sont prêtes, qu'autant que le créancier souscrit l'engagement de recevoir son paiement en rentes au pair. Ce fait démontre indirectement la conviction qu'a le ministre lui-même du danger de contracter avec ces bons formellement assignés à ces créances par une loi, tandis qu'il vient, d'un autre côté, en réclamer avec instance l'exécution; et en ceci, on aperçoit un manége que je ne veux pas me permettre de qualifier: celui d'étaler, d'un côté, en public, beaucoup de chaleur pour le respect des engagemens, et de l'autre, d'outrager sans mesure ce respect à l'égard de celui qui est poussé par le besoin urgent d'obtenir absolument un titre avec lequel il puisse opérer sur la place une négociation réalisable à tout prix; ou vis-à-vis de ces créanciers particuliers, une pactisation sur hypothèque déterminée.

Comment, dans un tel état de choses, peut-on persister dans un mode de libération factice, entouré de désagrémens et de pertes et pour le débiteur et pour le créancier ?

En matière d'intérêts publics, et dans le point de vue préférable pour tous, soit dans le présent, soit dans l'avenir, on peut regarder comme une sorte d'axiome, qu'il convient pour tous également d'opérer la liquidation plutôt en intérêts qu'en capitaux, sauf à fonder pour cette surcharge momentanée des intérêts, une extinction successive agissant sans secousses, et par un sacrifice rendu à peu près insensible, avec le secours d'un amortissement graduel.

Sans doute il ne peut y avoir de libération réelle par ce dernier mode, qu'en donnant des rentes au cours, à la place des bons destinés à acquitter en entier la dette. — J'ai pourtant proposé une réduction au *minimum* de 70 f., mais j'ai justifié cette réduction par toutes les circonstances qui la réclament. J'ai ajouté à ces motifs les raisons les plus propres à éloigner du créancier la défiance qui lui ferait refuser de nouveaux crédits au gouvernement : c'est le crédit qui, pour les gouvernemens comme pour les négocians, est le grand levier de la puissance.

Cherchons maintenant à nous expliquer les effets présumables de ces deux différentes opérations, et pour le débiteur, et pour le créancier.

Pour le débiteur, il en résulte d'abord un avantage précieux, et toujours le plus rassurant chez tous les débiteurs possibles : celui de se débarrasser d'un accroissement pénible d'engagemens à termes fixes ; et, prenant texte de ma fixation, qui ne peut être accueillie défavorablement, il résulte une diminution de charges de près de 1 p. 100 sur les intérêts : car à 70 fr., il liquide à 7 un 10e. p. 100 la dette qui devait coûter 8 p. 100 (1). En liquidant ainsi,

(1) Ces intérêts, au reste, ne peuvent paraître élevés qu'à ceux qui ne veulent pas approfondir les affaires et les opérations de tous les gouvernemens, et qui ignorent que même l'Angleterre, dans sa splendeur, n'a jamais réalisé ses emprunts à un taux réel, inférieur à 7 pour 100, et plus souvent à 10, quelquefois au-delà, et que tous les gouvernemens, quand ils empruntaient en Hollande, sous l'apparence de 5, ou même de 4 pour 100, en payaient réellement 2 ou 3 de plus, par le résultat des viremens, et de la surcharge des frais et commissions relatives.

ce débiteur ne s'assujétit à aucun remboursement fixe, ni à la nécessité funeste de réunir en une fois dans sa caisse l'importance du capital à payer.

Pour le créancier, ce changement dans la nature de la monnaie payante lui offre à la vérité neuf 10es. de moins d'intérêts; mais en revanche, il reçoit un titre plus fixe, plus indélébile, plus rattaché, et j'ajouterai plus heureusement confondu avec toutes les existences publiques. Ce titre est moins isolé de la force de toutes les obligations les plus sacrées du gouvernement; il représente une nature de valeur moins variable, une monnaie plus courante à la Bourse, et même dans l'étranger. Peut-on comparer à de tels avantages ces bons dont l'acquittement exact sera, quoi qu'on fasse, livré à beaucoup d'incertitudes, parce qu'il est prouvé qu'il y aura un déficit à la fin de chaque année; parce qu'il est insoutenable de croire que la vente des bois peut suffire à leur absorption, et parce que, par tous ces motifs, la négociation de ces titres particuliers deviendra chaque jour plus incertaine, et souvent plus difficile ?

Le changement que j'indique présente

d'ailleurs un plus sûr moyen d'utiliser davantage la vente des forêts.

J'ai déjà exprimé mon opinion sur l'utilité de la vente de ces bois; j'ai cherché à prouver combien elle pouvait produire de résultats avantageux, et je crois utile que cette vente ait lieu; mais je suis loin d'adopter l'avis de les mettre en vente à la fois, et par des aliénations incessamment continuées; et si l'on admet en paiement les bons comme argent, le produit sera encore moindre; cette facilité ne sera profitable, en plus grande partie, qu'à quelques capitalistes intermédiaires. Ici, je me trouve à peu près d'accord avec M. Bricogne, et je me rallie également à lui sur la nature du paiement. Je pense aussi qu'il ne faut échanger ces valeurs réelles que contre un paiement réel, c'est-à-dire de l'argent; mais je joins à cette opinion celle d'une application particulière, que d'autres que moi ont plus ou moins indiquée. Je voudrais que le produit de toutes ces ventes servît à un surcroît de fonds d'amortissement; je voudrais qu'on ne procédât à ces ventes qu'annuellement, par 5me., et que ces produits fussent directement versés dans la caisse d'amortissement. Je m'abstiens de détails, pour arriver plus vîte à la principale objection que le ministre, et les écrivains qui sont sans doute chargés de le répéter, semblent décidés à opposer obstinément. Il y a, disent-ils, une loi rendue et consacrée dans toutes les formes, qui assigne formellement le mode de libération d'une partie de l'arriéré, de celui de telles ou telles époques; l'on ne peut aujourd'hui détruire des décisions royales, devenues lois du royaume; un ordre de choses déjà en vigueur, et déterminé dans ses applications, ne peut être interverti, pour les mêmes objets, sans une sorte d'effet rétroactif.

J'ai cherché à peser mûrement la valeur de cet argument, et j'avoue que je n'y ai vu en dernière analyse, qu'une pure chicane.

Sans doute, si l'opération était véritablement consommée, on ne pourrait la détruire, ou même l'arrêter que par des effets rétroactifs; sans doute, si l'on exigeait que l'on comprît dans les effets d'une nouvelle loi le sort d'une quinzaine de millions de ces obligations qui se trouvent déjà fondées par des paiemens effectués dans des ordonnances ou des lettres d'avis déjà émises, vous pourriez alors dire avec assurance que c'est là manquer à des engagemens formels par un effet rétroactif; mais ici, il y a une distinction à faire : Vous avez, dites-vous une quinzaine de millions d'engagemens pris ou consentis par des actes annoncés officiellement ; eh bien ! la marche est toute simple pour cet objet ; ces obligations restent fondées, afin d'obtenir toutes les conditions relatives ; elles seront payées à leur échéance, suivant les termes arrêtés, et leurs effets ; elles prendront rang dans vos comptes ; vous resterez libres de les escompter aux conditions plus avantageuses que vous vous êtes réservées pour cela, si vous pouvez vous en faire les fonds à temps : cette partie doit prendre rang dans votre budget, et rester inscrite avec les charges analogues, pour être scrupuleusement payée aux échéances respectives.

Mais ce n'est pas là une raison pour prendre la partie pour le tout, pour y appliquer une conséquence uniforme, et pour tirer de ce qui est fait une conclusion qui n'est pas également applicable à ce qui reste à faire.

Autre chose est ce qui appartient aux créanciers qui ne sont pas encore liquidés ; et vous l'avez si bien senti vous-même, que tous les jours vous leur faites dire (car cette insinuation ne peut venir définitivement que de vous), dans les bureaux de liquidation, qu'il n'y a qu'à choisir entre la demeure, ou l'obligation contractée de se contenter de rentes au cours. N'y a-t-il pas ici une apparence de contradiction entre votre manière de raisonner devant le public, et d'agir envers les particuliers?

La distinction que j'ai établie plus haut pour ce qui est fait, une fois accordée, qui donc pourra alors soutenir, sur ce qui reste à faire, que la chambre des députés, seule investie de l'initiative en matière de deniers publics, ne peut pas adopter, sur ce qui est encore à régler *ab ovo*, c'est-à-dire, avant l'arrêtement même de la créance, un mode nouveau d'acquittement, surtout quand la chambre est fondée à croire que ce nouveau mode est préférable et plus assuré aux yeux du débiteur et à ceux du créancier?

Sur ces matières, aujourd'hui si souvent discutées, et depuis quelques années à la portée d'un si grand nombre, on ne peut plus se promettre de faire triompher des raisonnemens incomplets et des conséquences forcées.

Cette espèce de science financière, qui n'était, il y a 25 ans encore, le partage que d'un petit nombre d'adeptes, est maintenant à la portée de la généralité, de la presqu'universalité des citoyens, presque tous plus ou moins intéressés aux effets des opérations de finances; et ceux-ci, qui sont aujourd'hui en grand nombre dans toute la France, les comprennent, les jugent avec connaissance de cause et avec justesse; leur opinion est d'autant plus à respecter, qu'elle détermine finalement ou le succès des opérations du ministre, ou le plus ou moins de facilité avec laquelle le gouvernement assure le service public.

Il n'y a plus de mystère pour le très-grand nombre dans la science des finances; mais il y en a malheureusement encore beaucoup dans leur maniement, et dans les modes d'exécution; ce qui, en France, provient de ce qu'on a placé dans ce maniement un foyer d'affaires, de négociations, d'interprétations arbitraires, de décisions de faveur, qui ne cessent de contribuer à multiplier ces inconvéniens connus de tout le monde, et à les perpétuer. Le nombre de ces inconvéniens pourra s'accroître encore, si vous maintenez une espèce de valeurs, dont la réalisation peut offrir des chances diverses et indéterminées : comme, par exemple, ces bons à termes ; au lieu d'une consolidation uniforme.

J'ai expliqué peut-être longuement cette dissidence dans laquelle je me trouve avec l'opinion du ministre actuel ; mais je ne lui présenterai plus qu'une seule observation.

Le ministre n'a pu ignorer que son prédécesseur avait fait une sorte de pactisation particulière avec la Banque de France, pour une somme assez forte qui lui était due. Cette créance était, sans doute, très-claire et très-légitime ; mais elle ne présentait, en dernière analyse, aucun caractère assez fortement distinct de bien d'autres qui attendent encore leur sort. Cette faveur exclusive n'a pas échappé à beaucoup de bons esprits, qui admettent difficilement des faveurs individuelles. On leur a répondu que la Banque avait mérité ce traitement, en renonçant à recevoir des bons à 8 p. 100, et se contentant de 6. — Mais alors que méritent donc ces malheureux créanciers des cautionnemens à restituer pour des places supprimées, qui ne reçoivent que 4 p. 100 d'intérêt, et encore bien péniblement ?

Cette nature de dette pour des cautionnemens à rendre à quelques malheureux aujourd'hui sans place, dont la plupart sont sans autres moyens d'existence, ne se monte, dit-on, au plus, qu'à 6 millions; et cette créance a reçu encore un plus grand caractère d'exception, par le dernier traité qui a stipulé, pour celles qui appartiennent aux étrangers, une liquidation obligatoire et intégrale dans le terme de 6 mois : d'où résulte cette bizarrerie que, si un percepteur ou autre employé supprimé de la Belgique, se trouve né flamand, il est déjà remboursé, ou va l'être; et que si ce même fonctionnaire, autrefois de la Belgique, se trouve né français, il ne sait pas encore quand il le sera, ou comment il le sera.

Serait-il possible que le ministre n'entendît point faire une classe particulière de cette nature de créances peu importantes et *à fortiori*, de celle très-modique des traites d'Espagne, à qui l'on n'a encore assigné aucun intérêt, et qui pourtant représentent de l'argent sonnant, dont quelques-unes même appartiennent indirectement à des malheureux fugitifs, et sans appui? Il est possible qu'il y ait quelques autres objets de la même nature que je ne puis indiquer ici; mais il me semble impossible que le ministre puisse se dispenser de demander une cathégorie particulière pour des cas de cette espèce. Les principes qu'il a plusieurs fois énoncés, doivent rassurer les malheureux qui attendent cette justice.

NEUVIÈME CHAPITRE.

P. S. J'AVAIS terminé cet ouvrage, lorsqu'on m'a communiqué un nouvel écrit de l'ex-ministre des finances sous Bonaparte; il ne m'inspire aucun désir de changer ce que j'ai dit.

J'y trouve, il est vrai, une sorte d'amendement dans la manière dont l'auteur avait d'abord entendu payer l'arriéré; mais cette concession est si restreinte, et a été sans doute si pénible de sa part, que l'on a bien de la peine à saisir d'avance, et par la méditation, la valeur de la très-petite amélioration que pourrait y trouver le créancier. Mais ce qui me paraît toujours déplorable, c'est ce besoin toujours dominant d'avoir principalement en vue un adversaire, et de le combattre, comme le prouve une misérable discussion remplissant plusieurs pages de ce petit écrit, sur la préférence du budget par année, ou du budget par exercice. Et pourquoi tout ce fracas, diront les gens du métier? Tous les deux peuvent avoir raison, et avoir tort, suivant qu'on prétend scinder leur opinion. — Il ne s'agit ici que de la plus simple notion du plus mince teneur de livres.

M. Bricogne a raison, lorsqu'il dit qu'il faut, avant tout, et en dernière analyse, présenter tous les résultats par année; et il aurait tort, s'il entendait pour cela exclure les pièces justificatives par exercice : ce qu'il ne me paraît pas avoir prétendu.

M. Gaudin a tort, en voulant désapprouver que le résultat ou tableau définitif soit placé sous le point de vue de l'année, et que préférablement il se trouve épars dans les résultats des divers exercices; ce qui exige une attention complexe, et un travail préparatoire, que tout le monde n'a pas l'habitude et souvent la facilité de faire à temps ou sans peine.

Il aurait raison, si l'on n'accompagnait ce premier mode de pièces justificatives analogues, où doivent se trouver les tableaux par exercice.

Mais présenter d'abord, par divisions, au public, aux chambres, des résultats qui peuvent être offerts dans l'instant en un seul point de vue, c'est prétendre à ce que chacun ne puisse savoir à quoi s'en tenir, qu'après un travail plus ou moins compliqué, que tous ne consentent pas à entreprendre.

En résumé, voici la chose :

Chaque jour, chez le plus fort banquier, comme chez le moindre négociant, lorsqu'un teneur de livres présente à son chef le bilan de sa situation, il lui soumet d'abord la balance, et offre à son premier coup d'œil, dans les moindres termes possibles, le résultat définitif; mais il est prêt en même temps à justifier le résultat des bases de ce définitif, par ses comptes généraux, et par chaque compte individuel au besoin. Bien plus, quand on a fait cette balance définitive, on a soldé auparavant chaque compte particulier, et l'on accompagne le dernier compte, qui n'est que la récapitulation abrégée de l'ensemble de tous les autres, du cahier de toutes ces balances particulières qui relatent les soldes de chaque partie du grand-livre. Avec cette indication, on peut à chaque instant aller vérifier sur le journal l'existence et la réalité de la plus petite partie; mais il faut du temps et du travail pour ces vérifications détaillées, et il paraîtrait ridicule que le faiseur de la balance n'eût pas déterminé d'avance, et présenté en un instant et en raccourci l'état définitif et réel sur lequel on a besoin de fixer, avant tout, le point fondamental de son opération ou de son jugement.

Tout ceci n'est que la grammaire des commençans ; et il est fâcheux que des financiers du premier rang en fassent gravement la matière d'une discussion solennelle et publique.

CHAPITRE DERNIER ET RÉSUMÉ.

Parmi les nombreux écrits qui viennent de paraître sur nos finances, je viens de soumettre à mon examen quelques-uns de ceux qui ont fixé davantage l'attention publique.

J'ai discuté celles de leurs opinions qui sont le plus opposées aux miennes, et le résultat de mon examen m'a conduit, ce me semble, à la démonstration des résultats suivans :

1°. Qu'il faut, autant que possible, adopter le mode de payer avec des intérêts, et non avec des capitaux ; et que lorsque nous ne payons qu'avec des intérêts et par des débours presque insensibles pour tous, les contributions, les sacrifices deviennent pour les moins aisés une surcharge légère qu'ils supportent sans gêne, et qu'ils payent sans murmures ;

2°. Que ce but peut être parfaitement atteint par la consolidation de l'arriéré et de toutes nos dettes actuelles, à l'exception de nos engagemens avec les étrangers, invariables dans leur nature et dans leurs échéances;

3°. Que de fortes quantités de numéraire devant échapper de nos mains à l'époque de chaque paiement, pour ne plus rentrer peut-être dans le cercle de notre circulation, on ne peut se promettre de réunir toujours infailliblement le numéraire qu'exigeraient des époques fixes, promises à tous nos créanciers sans exception;

4°. Que notre libération envers les étrangers ne pouvant être abandonnée, sans de graves inconvéniens, à aucun hasard, à aucune incertitude, il convient de ranger sous différentes classes les différentes espèces de nos dettes; de consolider tout ce qui nous est personnel, et d'assurer le paiement des étrangers sur les produits les plus positifs de nos impositions;

5°. Qu'en transigeant ainsi avec une égale équité avec les étrangers et avec les nationaux, le gouvernement acquerra des titres éternels à la confiance universelle, et dans l'Europe et dans la France; que sur cette confiance se fondera, comme de lui-même, un crédit également universel; et qu'avec un tel crédit, nos prospérités agricoles, manufacturières et commerciales, prendront des accroissemens plus rapides encore, et surtout plus solides que ceux qui font de l'Angleterre le phénomène et le modèle des créations du génie des arts.

FIN.

TABLE
DES MATIÈRES.

www.ingramcontent.com/pod-product-compliance
Ingram Content Group UK Ltd.
Pitfield, Milton Keynes, MK11 3LW, UK
UKHW020356230726
13925UKWH00003B/1155

9 782014 042610